四宮格目標筆記

大平信孝 著
黃文玲 譯

找回自我目標，利用四宮格架構，
找出立即可行的10秒行動，隨時行動逐夢踏實

先延ばしは1冊のノートでなくなる

目錄

第二章 靠著行動革新煥然一新

☑ 第三章　四宮格目標筆記的三個實際案例

第四章 讓四宮格目標筆記持之以恒的妙招

前言

開啟行動革新

感謝正在看此書的你，能夠拿起這本書翻閱。

本書是教導讀者可以憑著一本記事本，輕鬆克服拖延的壞習慣。

我是一位幫助大家達成目標的專家，目前已經已經成功地協助超過七千八百人，加速實現他們的夢想或是願景。這些人包括曾經參加倫敦奧運的頂尖運動員、連續兩年奪下綜合優勝的日本大學馬術社、在國際上相當活躍的模特兒、肩負起下個世代的經營者、商業人士、暢銷作家等等。

我給予這些人心理層面的支援，藉由實地觀察到的各種情況，以最新的腦部科學與阿德勒心理學為基礎，給予那些飽受拖延這個壞習慣之苦的人建議。

在我的諮詢課程裡，許多人都有以下的煩惱：

・光是應付眼前的工作就耗盡精力，看不見未來「沒有幹勁」。
・每天被雜事追著跑「找不到時間投入自己想要做的工作」。
・工作做不完，老是加班或是假日也到公司上班「感覺不到自己的成長」。
・老是想著「總有一天會做」、「害怕面對失敗不敢挑戰」。
・根本就不知道「自己真正想做的事情」。

但是，大多數的人根本不了解拖延的真正意義。

那就是「將對你而言的重要工作或具有價值的事情，往後推延」。

我所謂的拖延指的正是這件事。

將「不重要的事情＝瑣碎的事情」往後推，並非是「拖延」。舉例來說，上班時間在網路衝浪、漫無止盡的休息、閱讀電子郵件等，都不是重要的工作，在不影響周遭人的情況下，大可盡量的將這些事情延後處理。

課題的四個分類

緊急且重要的工作	不緊急卻重要的工作
・處理顧客的抱怨 ・截止日即將到期的工作 ・處理糾紛	容易拖延的事項 ・建立人脈 ・準備、計畫、策劃
・面對上門的推銷員 ・目的不明確的會議	・閱讀電子郵件 ・網路衝浪 ・漫無止盡的休息
緊急卻不重要的工作	不緊急也不重要的工作

對你而言，將不重要的工作延遲處理，不會發生任何問題。

另一方面，面對上門的推銷員、寫沒人會看的報告、目的不明的會議等，盡做些「緊急卻不重要的工作」，可以說是「拖延」。

延後處理對你而言重要的事情（＝一旦拖延會讓自己的人生、工作產生極大損失），這就是拖延。

習慣拖延處理「緊急且重要的事情」，這樣的人應該不少。

但是為什麼會有明明知道事情的重要性，卻還是拖延的情形呢？這是因為做這件事情會讓自己感到痛苦，同時也會對其他人造成麻煩。如果延後處理會讓事態變得嚴重的話，通常這樣棘手的問題，反而很難讓人想要延後處理。舉例而言，處理顧客的抱怨或是截止時間就快到的工作，都是屬於這個類型。

另一方面，「不緊急但是重要的事情」，很容易讓人一再地拖延，遲遲不願動手完成。舉例而言，調整架構以利提高產品的生產性、重新評估和改善業務內容、建立人脈、新人的培育和指導、個人的健康管理等等。為了提升個人專業的再進修、取得資格以利升職，又或者是著手計畫或是準備想要從事的工作等等。不過，拖延對於每個人而言意義不盡相同，有些人的拖延，或許在其他人身上並不算是拖延。

關於這點，本章會詳細說明。「**你的人生中最想要實現的事情是什麼？**」**這個問題是判斷拖延與否的基準**。「一件事情應該要立即去做？又或者是往後延遲也沒關係？」，要如何做出決定，上述的問題就成了關鍵，攸關一個人的工作和人生的質量。

無關緊要的事情，往後拖延當然沒關係。**我所強調的拖延，指的是推遲去做在你的人生中真正重要的事情，這一點請謹記在心。**

拖延所得到的好處

人，不會做沒有好處（報酬）的事情。

也就是說，拖延會給人帶來好處。而最大的好處應該是「在這此一瞬間，不會讓人產生厭煩的心情」。你也曾有過這樣的經驗嗎？因為拖延某件事情，「再這樣下去可能來不及在期限內完成」，以致於內心充滿不安。

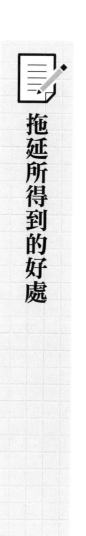

「在網路上閒晃個五分鐘後再開始工作」

「聊天聊個五分鐘、喝喝咖啡、抽根菸，轉換一下心情」

五分鐘過去了，「再五分鐘好了」，不斷延長轉換心情的時間，等到自己發覺時三十分鐘已經過去了。然後，眼看一天就快結束。

「今天先集中精神處理其他的案子，這個案子從明天開始再來努力」。就這樣東摸摸西摸摸，時間很快地流逝，然而該做的事情還是沒完成，繼續拖延下去……。

又或者是，計畫參加公司舉辦的某個必須取得的資格考試，就在距離考期剩下不到一個月的時間，開心的看起某本想看的偵探小說、玩新的電腦遊戲，考試的準備完全沒有進展……。

麻煩的事情、不感興趣的事情、棘手的事情等，拖延應該做的事情，其實只有當下這個瞬間，會有好心情。因為不會產生不安、恐懼、不愉快、辛苦、煩惱、疲勞、麻煩等，這些不好的情緒。

拖延所得到的壞處

當然，拖延也是會帶來壞處。

其中最明顯的就是壓力增加，工作未完成感一旦增加，挫折感也會慢慢累積。「如果有時間的話……」、「明天一定要……」、「這項工作告一段落之後……」等，上述的藉口讓你不斷拖延該做而未做的工作，每天心情因此而不痛快，這樣的經驗每個人應該都有好幾次。

將重要的事情往後拖延，活在「當下這個瞬間」的感覺，將會愈來愈遲鈍。

另外，不重要的事情沒完沒了的出現，沒有時間去處理真正重要的事情，如果把時間都浪費在不重要的事情上，總是被時間追著跑。

「拖延重要的事情」，這樣的行為一旦成了習慣，就會出現連鎖的負面反應。開始行動的時間變晚了，就算是個小行動也會花較多的時間。如此一來，漸漸的失去成長的機會。

更嚴重的是，不斷的責備「明白這一切卻無法辦到的自己」、「逃避的自己」。明白自己正在逃避，非常厭惡這樣的自己。

對於遲遲無法付諸行動的這件事，也充滿了挫折感。將重要的事往後推延，很容易讓精神、肉體以及頭腦感到疲倦。

諷刺的是，人一旦拖延「非做不可的事情」時，其實這件事情卻一直在腦海裡盤旋不去。一直到開始去做之前，不安與後悔的情緒會不斷的擴大。

如此一來，就算在做其他事情，討厭的感覺也會如影隨形地持續著，就算在玩樂也無法發自內心的開心。如果是工作上的事情，即使是在下班之後，也會一直想著被拖延的那件工作，反倒累積更多的壓力。

無論身處何處，精神上無法放鬆、情緒焦躁、與人相處也變得苛刻起來。為了讓自己從這種焦躁、郁郁不快的情緒中解放，於是沉迷在遊戲、社群網路、喝酒、抽菸、吃零食、購物等等，反倒浪費了更多的時間和金錢。

擺脫拖延的惡性循環

「拖延」也是一種行動。試著冷靜的回顧過去，你就會發現自己為了持續拖延這個舉動，做了許多的努力。而這些也算是花在拖延上的成本。

放棄拖延這個行動，或是持續維持拖延這個行動，都需要支付成本。那麼，你想要負擔哪一種成本呢？或許「在當今充滿制約的這個社會、職場上，不拖延自己真正想要做的事情是不可能的」，因而放棄的人大有人在。但是，就算沒有制約，卻也可能會造成「沒有制約＝任何時候都可以＝所以現在不用作」這樣的想法，其結果就是拖延再拖延。

請放心。放棄拖延還是需要制約的。

為了放棄拖延，首先該做的就是果斷地停止、為了持續拖延所做的努力。

從做出這項決定的瞬間起，你開始出現改變。這本書中有許多想法和具體的方法，將成為你放棄拖延的堅強後盾。

有一位當我還是平凡上班族時就認識的友人，對我這麼說：「大平，你變了不少。老實說，就像是變了個人似的充滿朝氣」。的確，就連我自己也感到意外，當時的我和現在的我，竟然有如此大的差異。

改變我的祕訣就在這本書當中，我將不藏私地大公開。

如果沒有這個方法，我根本不可能像現在這樣出書、成為研修講師、開設課程，無法成功的蛻變。

首先在第一章，我將介紹為了放棄拖延，絕對必須做到的「立下驚人目標」。設定該項目標，將是改變你的人生的重要關鍵，請仔細閱讀。

第二章，我們將要說明能夠百分之百擊退拖延行為的最強方式「四宮格目標筆記」。使用這一本筆記，只要三分鐘，就能戲劇性的改變你的現狀。這與個人的能力和幹勁無關，我將會傳授你實現夢想的筆記術。

第三章將介紹四宮格目標筆記的實際案例。為了讓各位讀者能更了解四宮格目標筆記，我會介紹使實際的筆記內容，讓讀者產生「這樣就可以，這樣做就可以」的感覺。

第四章將回答讀者開始養成筆記習慣後，容易出現的問題。此外，還會傳授讀者幾個妙招讓你每天都可以愉快地寫筆記。

本書所推薦的重點其實非常簡單。

①設定「驚人的目標」。

②在筆記本裡寫下花十秒就能辦到的事並完成。

如此簡單的事情只要持之以恒，就會有巨大的改變。

所謂的行動革新，就是創造性的破壞。徹底破壞之後，就能設定對現在的你更好的方向和新型態。

- 自己的時間增加了。
- 朝著自己的人生不斷往前進。
- 朝著自己所想像、所期待的未來前進。

拿起這本書翻閱的你，就像許多開始實行行動革新的人一樣，我想應該會對革新自己的人生能有所幫助。那麼，就請你靠著一本筆記本，開始實踐行動革新，打開通往下個舞台的大門。

大平信孝

第一章

如何設定目標

擊退「拖延」這個壞習慣

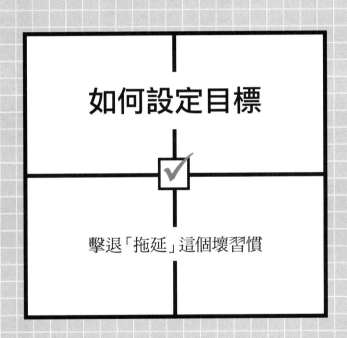

閱讀第一章之前

在你的未來拋下錨環固定後開始行動革新。

這是我在諮詢課程裡送給學員的一句話。「錨」是船隻停留時，拋入海底使船身固定的金屬工具。在未來拋下錨環的意思是，描繪出一個「真正想要的」未來。有一個想要到達的未來。唯有發現了目的地，人才會「想要這麼做」。

沒錯，就是「想要這麼做」。

與其充滿幹勁，事實上只要產生「想要這麼做」的意志，就會出現不會反彈的真正變革。這是真正為了改變的行動革新方法。

你不必對放棄拖延這件事充滿幹勁。

本章要告訴大家，為了克服拖延這個壞習慣，必須設定一個目標。

即使這個目標是一直以來無法付諸行動的也無妨，那是因為你還沒有找到自己想要到達的未來。

朝著未來建立一個驚人的目標，如此一來，拖延這個壞習慣的發生次數將會戲劇性的減少。

光靠集中精神和努力並無法克服拖延的壞習慣

「行動量增加兩倍拖延的情況就不會發生」，如果上述說法是可行的，一旦工作有效率，拖延的情況可能會減少。

但，說不定你已經發現，**就算行動量增加兩倍，拖延的情況仍絲毫沒有改變**。每天還是被龐大的工作量追著跑，儘管處理的工作量已經增加兩倍，遺憾的是，依舊沒能擊退拖延這個壞習慣。

勉強自己加班，集中精神處理大量的工作，拖延的情況暫時獲得舒緩。不過，遺憾的是，人很難一直勉強自己。無論是體力、精神、注意力都有極限。

強迫自己減少拖延的情況發生，一旦身體變得疲憊不堪、精神鬆懈，拖延的狀況立刻又會出現。就其結果來看，只要維持目前的工作方式，儘管拖延的狀況會短暫的減少，卻無法從根本擊退拖延。

請各位放心。採用我的方法是不需增加行動量，也一定可以克服拖延的壞毛病。**擊退拖延的關鍵不是提高工作的效率或處理的速度，而是改變工作的質量和層級**。換言之，現在有拖延習慣的人，只要改變自己對工作的想法和態度，不只能擊退拖延這個惡習，工作方面也能有所收穫。

現在的你，就是在「拖延是很普遍的情況」、「擊退拖延根本是不可能辦到的」這樣的環境下工作。也就是說，努力或許會讓拖延的狀況暫時減少，一旦鬆懈下來情況反倒會變本加厲，而這就是有拖延習慣的人，他們的工作方式。

「優先處理對自己而言最重要的事，這是理所當然的」，也有人是抱持這種想法工作的。「不需靠集中精神和努力，自己想做的事情一件件的完成，拖延這種壞習慣所帶來的問題自然不會出現」，具備這種常識的自然大有人在。

所謂改變工作的「質量和層級」，並不是那麼簡單。無論是工作還是興趣，**想要更上一層樓，必須伴隨質量上的改變**。現在的方法，只適用於目前的層級。儘管了解這一切，面對這麼多的問題，或許還是有人完全找不到答案：

- 到底該改變什麼？
- 該怎麼做決定？
- 該朝哪的方向去努力？

一直以來，你總是動作迅速的處理工作、在期限內完成大量的工作，只顧慮到眼眼前的業務，如果要你試著思考工作的意義甚至是價值、目的，恐怕會覺得很困難。就算想破了頭，也想不出答案，就像是陷入一個迷宮找不到出口。那麼，你這次的徹底改變，什麼是絕對必要的？

答案就是，我所提倡的「設定一個驚人的目標」。

將未來，從過去的延長線上脫離

設定一個能夠讓你的內心雀躍、對未來充滿期待的夢想、目標！

這是我在諮詢課程裡對學員說的話。

我是一位協助大家達成目標的專家，但一直到七年前，我自己就是典型的「拖延症患者」。可有可無的工作以最快的速度完成，但重要的工作卻老是提不起勁來處理，不斷地往後拖延，然後老是煩惱這件被自己拖延的工作。

當時的我，在一家稅務專門雜誌擔任編輯，我當時心裡想著只要學會簿記和稅務，就可以寫些稅務相關的論文，甚至可以從事企劃提案等，更具有挑戰性的工作。

心裡做了這個決定後，我特地去買了參考書籍，還參加了專家的研習會，但是學習進度卻停滯不前。「自己不是稅務專門人士，就算再怎麼努力學習也不會調薪。目前的工作沒有問題，就算現在努力重拾書本也比不上那些專家」，這些藉口正當化了我的拖延行為，就這樣拖拖拉拉下去。

老是被時間追著跑，忙著解決突然追加的工作，就這樣完全沒有成長，自己都覺得很喪氣，於是乎繼續拖延下去。這樣的惡性循環不斷地持續。然而這樣的我竟然徹頭徹尾的改變，甚至讓友人大為吃驚的說：「大平，你變了不少。老實說，就像是變了個人似的充滿朝氣！」

為什麼會改變呢？七年前我還是一個職場上的菜鳥，如今不但自立門戶以一位專家的身分協助眾人達成目標、還出了這本書、奧運選手和企業的經營者都來尋求我的協助，每天我都在挑戰有價值的工作。

其中的祕訣就在於「驚人的目標」。

如果不曾設下驚人的目標，我敢直言自己和我的學員們都不可能華麗變身。**總是無法展開行動，一直拖延下去，有這種壞習慣的人都有共通點。你知道是什麼嗎？那就是，「沒有設定驚人的目標」**。

沒有設定驚人目標的人，就像在踢一場沒有射門的足球。整場比賽只是踢球、傳球、運球而已。

對於來到自己身邊的球，僅僅只是下意識的回應。因為沒有射門自然不會得分，也無關勝負。更重要的是不刺激也沒有樂趣。

既沒有方向也沒有目的，每天想到什麼就做什麼。因為沒有特別想做的事情，只是遵循公司的指示或社會的趨勢加以反應而已。

每一天都在來自公司的評價或是與周遭人相互比較下度過，日子過得不好也不壞。在這樣的狀態下，為了克服拖延這個壞習慣，必須不斷的行動，長時間下來自然筋疲力盡。

就像足球比賽必須要射門得分一樣，如果你也能立下明確的方向，也就是「驚人的目標」，你會出現什麼樣的變化呢？

一旦發現了驚人的目標，就等於是打開了行動的開關。如此一來，就會想要實現。每天當中的一些決定和行動，都是朝著實現目標的方向前進，果斷的行動起來。得到的結果就是，拖延的發生次數減少了，更棒的是立下的目標也實現了。在過去和現在的延長線上描繪未來，想要克服拖延是非常困難的。

想把過去和未來想像成一場拔河比賽。

如果沒有驚人的目標，過去肯定會擊敗未來獲勝。為什麼我會這麼說？因為過去有自己真實的經驗，記憶鮮明容易想像。

就算在今天的舞台上不斷地努力，你所能到達的也僅僅只有今天這塊舞台的最前端。為了克服拖延這個惡習，你必須要換一個新的舞台。**藉由改變工作的質量、層級，你需要「展翅高飛」**。首先，你只要飛向未來即可。

一旦設定「驚人的目標」，就像是看了一部好電影。被自己所設立的目標吸引，被自己所描繪的未來牽引。接下來，就像是從未來朝現在畫一條線似地回到了現在。如此一來，你一定可以走向現在的延長線上所沒有、並且超越「預定」的嶄新未來。

要擊退拖延，必須要擁有一個「驚人的目標」。

就算在現在的延長線上畫線，絕對不會有任何新的進展。

就像空中飛人的表演，如果表演者的雙手沒有鬆開鞦韆，他絕對不會拉住下一個鞦韆。在來自過去的延長線上，如果不放開「現在」這個鞦韆，「現在」這個鞦韆的擺盪幅度就會受到限制，忽大忽小地反覆著。

你也來立下驚人的目標，往下個階段前進吧！

從未來開始倒數

沒有拖延的惡習，目標都能一一實現的人，其實都有個共通點。那就是，從未來倒過來累積計畫，也就是「習慣倒數思考」。

不習慣拖延，所有事情都在掌握中進行的人，很多都是「累積思考」和「倒數逆思考」雙管齊下。相較於此，習慣把重要的事情不斷往後拖延，則是單向通行。大多數的人，改善現狀的行動，是在每個當下一點一點不斷累積再累積。想要只靠著「累積思考」擊退拖延。

習慣了的某項工作或是日常生活，光靠「累積思考」或許還不成問題。但是，如果面對的是新企劃或是新挑戰，想要以相同的方式處理，恐怕會停滯不前。很吃力、很痛苦、很麻煩、沒有時間、沒有自信、不知道該如何去做，面對這麼多的「障礙」，其結果不是無法踏出一步，就是行動戛然而止。

另外，被「應該做的事情」追著跑，或是被義務感給壓垮。更嚴重的是他人的批評、評價，對你的行動造成妨礙。

如此一來，就會充滿「自己恐怕無法辦到」、「反正也不可能會成功、不如不要做」等的負面情緒，將該做的事情不斷往後拖延。以「現在的某個狀態」為基準所思考的「累積型」想法，可能會讓事情陷入僵局。事實是，在「現在」的延長線上，並沒有你想要實現的「未來」。

在現在的延長線上要實現的只有「預定事項」。你無須特別努力也能實現的不叫做「目標」，而是「預定事項」。

當你挑戰一項新事物時，在某個時間點上，會需要大幅度的挑戰、進步。無論是誰、每個人一開始都是菜鳥、新人。「沒有前例所以辦不到」、「沒做過所以辦不到」、「以自己現在的實力是不可能辦到」等等，以上述的各種藉口放棄挑戰，在現在這條延長線上，無須特別努力所能實現的只有「預定事項」。

沒有拖延這個壞習慣的人，一定可以順利的到達自己描繪的未來。

將方法、手段、經驗、能力、現實的限制等條件放在一旁，仔細的想像你想要實現的未來。如此一來，你一定可以前往現在這條延長線上所沒有，而且是超越「預定事項」的新未來。

以我自己為例，當我將這套想法融會貫通之後，拖延的情況大幅減少了、而且還加速度地實現我的目標。另外，善用「立定驚人的目標、倒數思考」的思考模式，我所協助的對象，也一個個實現了自己的夢想和目標。

因此，**擊退拖延的另一個重要關鍵就是「倒數思考」**。從實現的未來開始倒數。當然，為了實現目標的「行動」而累積思考、倒數思考，情況都不會改變。不拖延應該做的事情，做就對了。但是，倒數思考，對於行動所產生的壓力和抵抗會變小。從驚人的目標開始倒數思考。只要學會這兩種思考模式，對於行動所產生的壓力也會有巨大的改變。

立下華麗目標，打開行動的開關

為「拖延」所苦的人，大多分成以下四種類型。又或者是這四種的相乘。

1 對未來充滿不安型

就算充滿挑戰的精神，「失敗的話該怎麼辦」、「可能會被人看扁」、「如果沒有人願意幫忙的話……」等等，還沒行動滿腦子充滿了事情不會順利的想法。在思考絕對不會失敗的對策時，原本的幹勁也慢慢消失，最後主動放棄。

2 自信心不足型

「沒有實際的績效（先例、經驗）所以不可能辦到」、「自己沒有才能做了也是白費力氣」、「先讓我徹底的調查再說」、「先讓我準備充分再說」，嘴上老是掛著上述這些口頭禪。通常這種類型的人，大多是對自己缺乏自信，對自己的工作沒有信心。老是等待某人從他背後推他一把，或是給他協助。

3 「那個也……這個也……」型

有很多想要做的事情和預定事項，這類型的人並非缺乏行動力，而是不會排列先後順序。擁有太多的課題，完全不知道該從哪裡開始著手，通通攬在身上。結果忙得團團轉，卻把重要的事情不斷往後拖延，無法得到想要的結果。

4 時間不夠型

老是把「其他的工作期限就快到了非常忙」、「無法利用完整的時間」掛在嘴邊，時間就這樣溜走了。過於優先處理「應該做的事情」，而用來處理「真正想做的事情」的時間卻不夠，只好不斷往後拖延。

拖延的理由百百款，而解決的方法只有一種，那就是立下驚人的目標。沒有目標的人，有很高的頻率會把對自己而言有價值的工作往後拖延。為什麼呢？因為很容易出現前方無路的瓶頸。

稍微辛苦一點、困難一點、一旦出現不順利，馬上就會出現「改做其他事情」的念頭。因此，輸給了誘惑和衝動，結果當然就是拖延再拖延。

沒有目標的人就像是處於「斷線」的狀態。舉例來說，跟著一位很棒的主管工作，可說是順著上昇氣流節節高昇；相反地，如果一旦被調到一位放任型的主管手下，自然就是順著下降氣流一蹶不振。不光是上司，社會情勢、公司狀況、部門、同事、下屬等，被周遭的狀況所牽動，過著忽好忽壞的日子。

在你還沒有養成發現目標並開始行動的習慣之前，想要找到擊退拖延的方法，可說是不可能的。

過去的人們，在大海中航行一旦迷航，會抬頭尋找北極星的所在回到正確的航線。那是因為，滿天的星斗不斷移動，唯獨北極星停留在原地。

一個人只要立下像北極星那樣的目標，就等同於確定了方向。如此一來，就能從拖延、延遲的泥沼中脫身。

有沒有立下目標，或許一時半刻感受不出其差異性。但是其真正的價值在三個月、半年、一年之後會越來越明顯，五年、十年後，更是出現了壓倒性的差異。如果沒有目標，在嘗試或是挑戰新事物時，遇到了困難還能堅持下去，這對任何人來說都是吃力的。儘管腦海裡知道「做這個比較好」或是「現在要開始做這件事」，卻還是不由得給自己找一堆藉口，「算了，不用勉強自己，今天不做也沒關係」、「明天，再開始努力吧」，讓重要的事不斷往後拖延。

會出現這樣的狀態可說是理所當然，拖延根本不會消失。

設定驚人目標，打開行動開關。

想要馬上開始。日常生活中的一個小決定或是行動，都是朝目標實現的方向前進！無論是工作或是私生活，當心中出現了「做那件事情比較好」、「現在正是做這件事的時刻」等念頭時，立刻展開行動。就其結果而言，惱人的拖延惡習自然就會不見了。

這樣的目標，會讓人想要不斷地拖延

看到這裡，你現在在思考什麼事？

「糟糕！我沒有設定目標。不過還好，我今天看了這本書。」

「我也有設立目標啊，但是跟沒有設立目標的人，也沒什麼不同。」

也許會有人出現這樣的混亂，我所提出的「驚人的目標」，絕對不是以下我所舉例的三種目標：

①**來自他人的數值目標**：上司給予的目標、為了考績而寫下的目標、徹底

貫徹不加班、交際費零、營業額提高百分之十、獲利率改善百分之三等等。

②**不用特別努力就可能達成的目標**：TOEIC的分數提高十分、明年升上主任（九成以上的人在進入公司五年之內都會升上主任的公司）等。

③**一般人認為好的目標**：被拔擢為重要幹部、成為社長、年收數千萬日圓、獲得社長獎、公司股票上市、住在高樓大廈的最頂樓、購買勞力士錶或是柏金包等精品、晉升為股長等。

首先，「他人給予的數值目標」等，並非是自己所設立的目標。要克服拖延的惡習，必須是由自己所設定的目標才行。來參加我的諮詢課程的學員當中，很多人也僅僅只有公司給予的目標，除此之外，並沒有針對自己中長期的職涯規劃或是工作設定目標。

設定目標最重要的一點就是以自己為主軸來設定，而非他人給予的。

「無須努力也可能達成的目標」，在這樣的情況下得到的回饋，不外乎是

「是否實現」、「順利還是失敗」等，也就是成敗兩者之間的一種。好不容易展開行動，可惜的是沒能從結果中學到任何經驗。

相較之下，如果設下驚人目標卻沒能實現，無論最後是否有成果，「距離目標實現還差多少距離」、「該項行動是否有效果」、「行動的質與量」等，得到的回饋相當多元。這將有助於行動後的檢證和軌道的修正。

「一般人認為好的目標」，其實跟他人所給予的目標是相同的。

的確，一般人認為好的目標當中，的確也有優質的。但如果這當中沒有你真正想要的，對你而言就不能算是個好目標。

要如何讓你真正想要實現的、驚人目標能夠精益求精，請容我在稍後的章節中說明。請你仔細的確認，一般人認為好的目標，與你真正想要做的、想要達成的目標是否一致？

請不要忘記驚人的目標是個充滿魅力、而且是你實際所想要的目標。

開始寫下腦海中浮現的目標

從現在開始，就和我一起思考「驚人的目標」吧。

「所謂的驚人的目標，可能很困難自己恐怕無法實現」、「突然要我設定驚人的目標，但我所能想到都是平凡的目標」，或許不少人有上述的想法。

請不用擔心，跟著順序往下走，每個人都可以設定驚人目標，現在請準備一枝鉛筆和一張紙。

順著自己的想法寫下目標，任何事情都可以，請從這個動作開始！

當我在研討會中要求學員：「請順著自己的想法寫下目標」時，有很多第一次參加的人寫不出來。「就是不知道自己真正想要做的是什麼才來參加研討會，突然這麼一問自然不知該如何回答」，有這種反應的人也不在少數。

另一方面，經我指導半年以上的學員，聽到相同的問題時，自然而然的脫口說出一個又一個、自己真正想做的事情。

兩者之間的差異在哪？答案就是，**自己是否經常反覆的問自己：「這是不是自己真正想要做的事？」**

因此，在你找出自己最棒的目標時，首先要做的就是把「想做的事情、想要的東西、想達成的目標、想體會的心情」等等，逐條的寫在紙上。

內容不侷限在工作，金錢、環境、物品、時間、人際關係、身心健康、學習、興趣等等，將你想得到的所有事通通寫下來。但是，寫下來的同時必須要清楚的區別，「想出」方法的時間和「徹底調查」的時間。

寫下目標的重點 1
不要質疑夢想和目標

「這個目標一點都不宏偉」、「這個目標我可能無法辦到」、「我都這把年紀了現在才要開始太慢了」、「應該還有更棒的目標」、「這樣的期待可能太過任性」等等，你可能會有這樣的想法。但請你不要對這些、你好不容易寫下的目標，有任何的批評或是質疑。

當你感受到「這個人只會靜靜的傾聽，而不會有任何的評斷或是評價時」，你才會對他說出心裡話。這樣的感受並不只出現在你與他人之間，當然也出現在你自己的身上。

就好比說，這裡有A和B兩個人。請想像如果A的想法、情感和行動，所有的一切都是遵從B的指示。

「設定這樣的目標反正也不會達成」、「自己明明也知道不可能辦到的夢想，寫了也是白費力氣」、「反正夢想和目標寫了也不會行動」，當B做出了以上的判斷和評價。

如此一來，A就會出現以下的想法，「這些夢想和目標對我而言果然是不可能」、「不可能實現的夢想和目標，寫了也是白費力氣，還是別寫了」。

你覺得呢？「質疑」自己想出來的目標，其實就跟上述的狀態是一樣的。你只是在欺負你自己。在這樣的狀態下，要你思考或是寫下自己想要做的事情，就會變得很困難。

在一開始的階段，任何目標都可以寫下。

從這裡開始，進而找出驚人的目標。這是一條任何人都可以到達的路徑，別擔心。一旦你對自己的想法有所評價或是批判，無論是夢想或是目標，瞬間就會凋謝。

無論是多麼渺小或是多麼驚人的目標都沒關係，首先，請你提筆一條條的寫下那些，**「你覺得很好的、想要的、好像很快樂的、想要試試看的、如果實現了會很開心的」**事情，試著動手逐條的寫在紙上。那麼，現在開始就從自己的欲望開始下筆吧！

寫下目標的重點2 順著自己的欲望

「現在的你有什麼樣的欲望？」

「想要那個」、「也想要這個」、「想要做那件事」、「也想要做這件事」、「想要見那個人」、「想要吃那樣的東西」、「想要去這裡」、「想要那樣」、「想要這樣」……人的欲望可說是沒有無窮無盡。這是正常的，每個人的期待都是從欲望開始的。

一個人**如果能坦率地面對自己真正的欲望，自然而然會打從心底產生一股躍躍欲試的心情**。一直以來，腦海裡所想到的那些自己不太願意去做的行動，令人難以置信的開始並享受其過程。我把這樣的轉變叫做「行動革新」。

說不定當有人問你：「你的欲望是什麼？」，恐怕你還無法立刻回答。所謂的「欲望」，有人抱持著刺眼、錯綜複雜、像是壞事一樣的感覺，因此有所抗拒，難以想像。

我以前也是這樣。從來沒有針對自己的「欲望」仔細的思考。不只如此，還擔心要是知道了自己的欲望後，可能會難以克制的大暴走。

其實，想要了解自己的欲望是有方法的。

在我看來「欲望＝大腦的聲音、身體的聲音、內心的聲音」。

①**大腦的聲音**：平常思考的事情中，有著「不可以做」的義務感。

②**身體的聲音**：身體的狀態、狀況。肩膀酸痛或是喉嚨痛等。

③**內心的聲音**：感受到的情緒。心情、喜怒哀樂等。

其實，欲望不是用想的而是感覺。我把欲望分成上述這三種聲音，請問問你自己：「真正想怎麼做？」

通常，這三個聲音會混在一起，或是只聽到特定的聲音。舉例而言，苦惱於自己健康狀況不佳的人，通常會無視「身體的聲音」讓身體過度疲憊。

苦於拖延這個壞習慣的人，大多是遵從「大腦的聲音」來行動。

・必須要遵從公司的指示。

- 工作績效不用多只要不被炒魷魚即可。
- 優先償還房貸。
- 事到如今想從頭開始已經太遲。
- 現在沒有多餘時間去做那些事情。
- 可能讓周遭人感到失望。
- 反正我是不可能辦到的。

這些來自大腦的聲音被放大，掩蓋住了自己真正的聲音。

在這三個聲音當中，想要克服拖延，建議你要最重視「內心的聲音」。傾聽自己內心的聲音，才能正確的了解自己的「欲望」。

比方說，如果大腦裡大聲的喊著「要遵從公司的指示」，這時傾聽身體和內心的聲音。如此一來，說不定你的身體和內心正在吶喊著：「我已經不想因為加班而要趕最後一班電車回家！」、「昨天的疲憊還沒消除，每天都很累。」

認真的傾聽這兩個聲音，然後問自己：「你真正想要怎麼做？」

・想要和家人或是朋友享受一段愉快的時光。
・想要把時間用在自己喜歡的事物上面。
・想要給那些小看自己的人一點顏色瞧瞧。
・想要舒服的泡個澡睡個好覺。

如此一來，你可能會感受到諸如上述「你的欲望」。

驚人的目標就是來自你自己的「欲望」。即使是你，也有一些沒有說出口的「欲望」。請不要否定這一點。無論這個欲望是如何的驚人或是刺眼。

也請別擔心，覺得好像只順從「自己」的欲望是一件壞事；其實我們本來就不一定得要為了別人做些什麼，或非要為他人貢獻才行。

寫下目標的重點 3
就算只有享樂，沒有責任也可以

如果現在，你對於自己真正想做的事情或是終極的目標、職業生涯的終點等，沒有任何頭緒也沒關係。請放心，你一定可以找到適合自己的驚人目標。

一提到「目標設定」，或許有人立刻會認為要設定一個過於偉大、自己無法辦到的目標是件困難的事情。但其實，思考自己未來想要做的事情，這其實是一段愉快的時光。回想一下自己孩童時的幻想、內心充滿期待時的感覺，肯定會有所幫助。

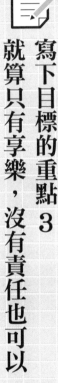

生日時想要這樣的玩具，生日大餐想要吃最愛吃的炸蝦。明天放假，想要和朋友去公園玩捉迷藏。今天的點心會是什麼呢？希望是我最愛吃的布丁。

要是能以自由式游二十五公尺一定很帥。我最好的朋友跟我在同一班，超開心的。下次的漢字考試想要考滿分。書法比賽想要拿到大獎。

希望能成為大隊接力賽的選手。想要加入鼓笛隊。想要成為班上的飼養委員照顧小白兔。換座位了，自己喜歡的女生跟我是同桌超開心。

今天的營養午餐是咖哩飯，真希望中午用餐時間快點到。放學後想要在校園裡玩耍。

這些事情是不是讓你感到有點興奮？上述這些事情，你一定在孩童時曾經想過。試著回想當時的感覺。

與其思考目標是否能真的實現，更重要是對於目標所擁有的熱情。夢想愈雄偉，就愈有可能擊退拖延。

在此，請將自己的能力、年齡、經濟狀況、家族的希望、工作的安排、時間的寬裕、體力、實現的可能性等等，現實上的制約通通擺在一旁。

基準並不在於「目標是否真能實現」，而在於「你想不想要實現目標」，你是否能感受到自己的熱情才是最重要的。

你的人生，並非是由雙親、公司、上司、普世的期待來決定。你的人生要由自己來規劃。在白紙的狀態下，「真正想做的是什麼？」、「真正想成為什麼樣的人？」、「真正想過什麼樣的生活？」，上述的問題請自己問自己，試著想像理想的人生或是具體的人生計畫。

寫下目標的重點4
首先，量比質重要

設定目標的初期階段，目標的「量」比「質」重要。

目標的數量愈多，你能找到適合自己的最棒目標的機率就愈高。當你在思考最棒的目標時，從五個目標跟從一百個目標當中，哪一邊比較容易找到絕佳的目標呢？答案當然是後者。

因此，**無論是多麼微小的事情也沒關係，將自己想要做的事情寫在紙上。**

我在此提出幾個問題供大家參考。

- 有沒有一直想做卻強忍到現在還沒行動的事情？
- 如果有一個月的自由時間，想要做什麼？
- 如果無需為了生活而工作，最想要做什麼？
- 沒有工資也想要做的事情是什麼？
- 足以你廢寢忘食的事情是什麼？
- 小時候，曾經沉迷於什麼事？

- 小時候，最崇拜誰？
- 活到這把年紀，都把時間花在哪裡？
- 活到這把年紀，哪一件事情花你最多錢？
- 曾有什麼事情讓你感到快樂？

- 在工作方面，想要達成什麼目標？
- 想要做什麼樣的工作？

- 你最感到嫉妒的是什麼時候？
- 想要在什麼樣的場所工作？
- 想要領多少薪水和獎金？
- 想要和什麼人（上司、前輩、同事、下屬）一起工作？

- 希望顧客能對你說什麼？
- 想要和誰在哪裡享用午餐？
- 想要取得什麼樣的資格？
- 想要學習哪一方面的專業？

- 暑假、新年期間、黃金週假期等長假，想要如何度過？
- 假日想要如何度過？
- 和家人聊些什麼話題最有趣？
- 回家後都做些什麼事情？
- 早上，想要在什麼樣的心情下醒過來？
- 想要以怎麼樣的心情迎接一天的結束？
- 想要住在什麼樣的房子裡？

- 想要穿什麼樣的衣服？
- 想要擁有多少儲蓄或是資產？
- 想要去的地方？

- 想要體驗什麼事情？
- 想要和什麼樣的人成為朋友？
- 想要親眼見到誰？
- 想要買什麼？
- 想要吃什麼？

- 三年後，想要變得如何？
- 五年後，想要變得如何？
- 十年後，想要變得如何？

・二十年後，想要變得如何？
・臨終時，絕對不想後悔的事情是什麼？

寫下目標的重點 5 寫下煩惱或問題

上面說了這麼多，「想做的事情、想要的東西、想要達成的目標、想要品嚐的氣氛」等等，說不定有人真的從來沒想過這些問題。如果是這樣，無須絞盡腦汁找出答案，只要換個想法就可以。

「絕對不想做的事情、討厭的事物、想要逃避的事情、不想要的東西、不想再次體會的感受」等等，將自己的煩惱和課題等，討厭的事情逐條寫下。

「想做的事情」和「不想做的事情」就像是銅板正反面的關係。通常「不想做的事情」其相反就是「想做的事情」。

當你寫下了不想做的事情，就可以聽到自己內心的真正聲音以及了解自己真正的想法。**比起想做的事情，我認為不想做的事情更容易鮮明的看出一個人的個性、生存方式、生活態度。**

- 不想要縮短睡眠時間。
- 每天搭乘沙丁魚般的電車上下班，真是受夠了。
- 討厭自己老是情緒焦躁。
- 不想老是唉聲嘆氣。
- 不想去參加無謂的應酬或聚會。
- 不想要老是對著顧客低聲下氣。

- 不想老是拍上司的馬屁。
- 不想嫉妒他人的成功，讓自己消沉。
- 不想為了沒有意義的工作假日加班。
- 不會被期限和定額的工作量追著跑而加班到深夜。
- 受夠了想要出人頭地就得對他人落井下石。
- 不想和價值觀不合的人一起工作。
- 在意戶頭裡的存款餘額買不起想要買的東西。
- 不想下班回家後還要討好家人。
- 沒有太多時間和金錢，就算和朋友出門也不會開心。
- 我只對智慧型手機有興趣。

- 上英文會話課等，對學習的事物難以持續。
- 喝太多失去記憶。
- 吃太多甜食很後悔。
- 想去的地方不能去，想做的事情沒有時間做。
- 在房間裡東摸摸西摸摸心情很難平靜下來。
- 內心不安睡不著。
- 沒有時間和家人相處。

將自己不想做的事情通通寫在一張紙上，然後再試著將不想做的事情的相反表現（理想的狀態）也寫在紙上。

說不定，就可以從中找到自己想要做的事情。至少可以發現你任何與想要的東西或是想做的事情有關的線索。

然後試著再一次將自己「想做的事情」寫在紙上。

驚人的目標必須是「可以清楚地想像的」事情

那麼，現在寫下的目標和「驚人的目標」，到底有什麼不同？

你被自己的目標所吸引嗎？

寫下目標之後，請想像一下是否能在腦海裡栩栩如生的描繪出目標實現後的狀態。期待已久的旅行或是高爾夫、去參加自己有興趣的活動的前一天，很多人都會興奮的睡不著。

就像是這樣的感覺，讓人光是想像就能擁有真實臨場感的目標，這就是所謂的「驚人的目標」。設定「驚人的目標」的重點，就在於想像。

為了將自己所寫下的目標，當作是「驚人的目標」，首先要做的就是想像自己到達了終點。在有了明確的影像之後，再一次轉換成文字。

如此一來，寫下的目標就會很靠近「驚人的目標」，順利的化為行動。

如果想像夢想或目標實現之後的場面不夠鮮明的話，強行轉換成文字，在這樣的情況下很難擊退拖延。光靠「文字」腦子是很難有所行動。

我們的大腦是靠「想像」和「文字」才會有動作。因此，如果你設定的目標也只停留在「文字的階段」，恐怕是不足夠的。

說不定，有人不善於這樣的「想像」。在此我要介紹兩個方法，讓那些不善於想像的人也能真實地描繪出終點。

1 當作故事

如果有部電影是以你自己為主角，幾經曲折之後終於迎來 happy ending，這會是個什麼樣的情節呢？如果在設定目標的過程中，無法感到興奮，那就試著為你的目標增加故事性。

所謂的故事，就是你達成目標的過程，有了這個過程，目標就會變得更鮮明且更具魅力。雖說是「創造故事性」，其實也不用想得太過困難。可以試著參考你最喜歡的童話故事。

比方說桃太郎、金太郎、竹姬物語、開花爺爺、西遊記、三隻小豬、醜小鴨、仙履奇緣等等，參考那些你在孩童時期曾經聽過，而且覺得很棒故事是最具效果的。所謂的故事，是由「開始，過程，結局」這三個架構組成的。

所謂的「開始」，就在你現在的煩惱或是課題裡，請將你的現狀寫成文字。

以仙履奇緣為例，故事的開頭就是「灰姑娘每天被後母以及姐姐們欺負，過著悲慘的生活。」

所謂的「過程」，就是某件事情成為你改變的「契機」。

如果有某個體驗或是活動，可能會成為你夢想成真或是目標實現的「契機」，你覺得會是什麼事情呢？

以仙履奇緣為例，「某一天灰姑娘藉由魔法的力量去參加了舞會，王子對她一見鍾情。但是灰姑娘身上的魔法讓她不得不在午夜十二點回家，急著返家的灰姑娘將一隻玻璃鞋落在城堡的階梯上。拜那隻玻璃鞋之賜，終於讓王子找到了灰姑娘」，這就是故事的過程。

故事的「結局」，換句話說就是達成目標之時，你想要嚐到什麼樣的滋味？

「結束」就是將對你而言的「happy ending」給具體化。如果你覺得要想出一個

「happy ending」的目標很困難，不妨試著從自己想要在目標達成時有「什麼樣的心情或是感受」這方面下手。同樣再以仙履奇緣為例，故事的結局就是「灰姑娘和她深愛的王子結婚成了王妃，過著幸福、快樂的日子」。

在我的諮詢課程裡，我請學員編一個、與現在的自己所描繪的未來是完全不同的故事。如此一來，在那個瞬間，立刻就能進入不同的未來。只要將你的目標添加故事性，就能愉快地設定一個又一個「驚人的目標」。

2 將你的願望以圖畫、照片的拼貼或是動畫的方式呈現

想像目標達成時，如果加上圖畫或是照片，會更具有真實感。從雜誌、手冊、網路等，收集一些你覺得不錯的圖像或是照片，然後再將收集到的素材貼

在筆記本上或是貼在牆上每天看。

舉例而言，「想要去哈佛大學念商學院，在課堂上與來自全世界的下個世代的領導人相互討論」，如果有人立下了這樣的目標，他可以尋找波士頓街頭、哈佛大學的校舍、教授和學生的等照片貼在自己的筆記本上。哈佛大學畢業典禮的照片也可以。

尋找圖畫和照片時，最好是貼近「目標達成時的畫面」。另外，利用多張照片做成動畫，利用空檔或是上下班的通勤時間播放，有助於想像的具體化。

利用圖畫、照片和動畫，有助於明確化目標達成時的畫面，「什麼時候、什麼場合、什麼樣的人、什麼樣的事情？」，彩色要比黑白來得好，聲音、味道、身體的感覺、姿勢、呼吸、心情等，仔細的描繪出細節，讓想像更真實。

去見那些已經達成目標的人，或是了解他們的故事、聽他們說話，將有助於感受目標達成時的真實感。

設定「驚人的目標」，就能擊退拖延。在此我還是要不厭其煩的重複一次，設定「驚人的目標」最重要的就是想像。

不可將驚人的目標當作目的

設定「驚人的目標」，還有另一個重點。那就是，不可將驚人的目標當作目的。那是因為目標不過是個手段而已。

所謂的目標其實是達成目的的階段，又或者說是過程。

「目標」不過是為了達成「目的」所展開的行動或是方向的指引罷了。

從設定驚人的目標到目標實現，自然需要花點時間。當然，花費的時間愈長，愈有可能懷疑自己「到底是為了什麼這樣做？」，失去了目的。

當然，也有被達成目的的手段、目標所束縛，成為目標奴隸的危險性。

有一天，有一位「想要尋找自己真正想做的事情」的經營者，來找我諮詢。聽說這位經營者買了一部跑車。在這之前他看了跑車的目錄，以及跑車高速行駛的畫面，心情非常的激動。

但是，當嚮往已久的跑車到手之後，他的反應卻是：「怪了？怎麼不太對勁，好像跟自己期待的不一樣」。買到了渴望很久的跑車，但卻沒有自己所期待的感動，不到半年他就把車子賣了。

一直以來，他都擁有明確的目標，那就是「想要買那輛跑車！」，因此非常努力的經營公司，如今卻有種洩氣的感覺，他突然發現甚至失去了今後的人生方向……，於是來找我諮詢。

這並非是這位經營者的單一個案。我過去曾協助過各行各業的人實現他們的目標，這當中包括了：

- 想要在奧運比賽中奪金。

- 想要在全國比賽中贏得優勝。
- 想要成為暢銷作家。
- 想要成為知名的女演員。
- 想要成為頂尖的模特兒。
- 想要成為業界第一。
- 想要成為區域第一的門市。
- 想要在全國各地有自己的店鋪。
- 想要受邀到國外演講。
- 想要自立門戶。
- 想要移居到國外。
- 想要被獵人頭公司挖角跳槽。

這些全都是他們的「目標」，而不是他們的「目的」。

只要立下「驚人的目標」就能擊退拖延這個惡習。

但是，就算是立下驚人的目標並擊退拖延，但還是有可能像剛才那位經營者一樣，產生了「怪了？明明達成了目標，卻怎麼不太對勁」這樣的疑惑。

那麼，到底要怎麼做才對呢？

立下目標之後，再仔細的想想以下兩個問題。

- 該目標達成之後，你想擁有什麼樣的未來？
- 為什麼想要達成這項目標？

舉例而言，如果立下的目標是想在奧運中拿下金牌，其目的因人而異。

- 這是一種孝順的行為。
- 想要獲得贊助經濟獨立。

- 想要成為眾人矚目的焦點。
- 想要報答一直以來支持自己的人。
- 想要增加從事競技的人口。
- 想要締造個人的最佳新紀錄。

同樣一個目標，目的卻因人而有所不同。但是，一旦目的明確，立下一個「真正想要怎麼做」的驚人目標，自己的真心就會展現出來，隨著靠近目標的達成，每個行動、判斷時，心裡的搖擺就會不見。換句話說，可以對照目的立刻做出選擇和行動。

無須想得太過困難。所謂的目的通常根深蒂固在每個人的價值觀裡。而價值觀，是你個人的判斷基準和行動的指針。指向著你認為重要的事情。換言之，**知道什麼事對自己是重要的，目的會變得明確，有助於擦亮你的目標。**

那麼，該如何才知道自己認為的重要事情是什麼？

我身為一位專門協助他人實現目標的專家，從這些經驗當中，我將左右人類的價值觀分成以下三種類型。

試著將這三種類型依照優先順序排列。比方說排名第一是這個，排名第二是這個，排名第三是這個，然後再深究這個順序。

回憶起你過去感到愉快的事情、想要做的事情、感到十分充實的場所，如此一來將會慢慢的看見答案。

了解自己的價值觀，有明確的目的，就容易想像驚人的目標。

三個價值觀

與他人的往來

- 客人對你說聲「謝謝」
- 靠團隊的努力完成工作
- 獲得上司的認可
- 獲得同事或是下屬的好評
- 廣結善緣
- 笑臉迎人

達成感

- 達成數字目標
- 達成新紀錄
- 企劃案通過
- 談成生意
- 取得資格
- 升職、升等

技術的追求

- 獨創性、原創性
- 磨練技巧、技術
- 徹底的探究、追求極限
- 技術的開發、研究、改善

在六個領域大躍進

「開始思考驚人的目標時，多到兩隻手數不完！」

我也曾看過這樣的人。我認為這是一個很棒的狀況，因為如此的抑制自己，不斷的寫下，自己「真正想做的事情」吧。

寫完「驚人的目標」後，接著要徹底調查這些點子。試著將寫下的事情依照下面六個項目分類。

「這件事情應該放在人際關係還是身心健康呢？」、「這件事好像找不到適當的項目」等，可能有些人會對該如何分類感到迷惑。

分類不在於「正確、不正確」，如果感到困惑的話就請依照感覺來分類。

驚人的目標六個分類

對工作、社會的貢獻

- 取得發明專利
- 組成非營利團體
- 成為社長

金錢・東西

- 擁有跑車
- 年收三千萬、資產一億

時間

- 每週和家人吃兩次晚餐
- 每天花一小時在自己的興趣上
- 每天早上五點起床唸書&跑步

人際關係

- 主辦與異業的交流會
- 和小孩一起參加郵輪之旅
- 和理想的對象結婚

身心健康

- 開始學習皮拉提斯
- 每天早上十五分鐘的正念冥想
- 回到二十歲時的體型和體重

學習・興趣

- 參加全馬
- 挑戰將棋的初段資格
- 通過英檢一級測試

這裡的目的並非在於將目標正確的分類，只是為了讓你的目標不要全都是工作、或全都是私事，過於偏重某一方面而已。

將目標在六個項目中分類後，是否發覺什麼事情？

有些人工作項目占了大多數，其他的項目只有寥寥無幾、有些人在身心健康項目裡掛蛋、有些人所寫下的事情與所有類別格格不入等，什麼樣的情況都有。這不是最終目標，雖然分類的結果讓人並不滿意，但也無須感到氣餒。

這六個分類不過是在檢測「現在的你對什麼事物感到興趣？」的一個指標，如果說現在滿腦子都是工作的人，自然有很多目標都集中在「對工作、社會的貢獻」的項目裡。

另外，喜歡認識新朋友、廣結善緣的人，肯定集中在「人際關係」的項目裡。各項目裡的數字並非多就是好，少就是不好。

只是數字較少的項目，代表著你在這個方面顯得興趣缺缺。相反來說，這就代表了你在這個項目還有很大的成長空間。而數字較多的項目，也就代表著該項目是你所關心的領域。

重要的不是到目前為止的「過去」如何，而是今後的「未來」，該朝哪個方向邁去。首先，目標的數量明顯不足的項目，將「想做的事情、想要的東西、想要達成的目標和想要體驗的感受」等，順著腦海閃過的念頭逐條寫下來。

如果真的想不出來，就從討厭的事情開始寫起，比方說「絕對不想做的事、討厭的事情、想要避免的事情、不想要的東西、不想再次體會的感受」等等。之後，再反向思考，應該就很容易發現想要做的事情。

大抵來說，各個項目如果能有十五件想要做的事情，就可以進入下個階段。在每個項目裡，各選出三件「絕對想要達成的事情」、「如果真的實現我會很開心」的目標。

七個問題確定目標

在各項目裡選出三件目標，然後看著這些目標你是否感受到什麼？想到什麼？說不定有人會覺得「非常的吻合」，也說不定有人會覺得自己想要做的事情或是自己寫下的目標過於平凡，而因此感到沮喪。

但是，不需要一次就決定目標，也沒有必要因為找不出驚人的目標就感到失望、或因為「自己可能辦不到」而意志消沉。

請把現在的目標視為「前線基地」。

從這裡開始匍匐前進，一步一步、腳踏實地朝目標靠近，我希望大家能有這樣的想像。慢慢地磨亮目標，有一天會突然驚覺自己已經到達了那個驚人的、雄偉的、具有魅力的目標。

如果是決定你一生的目標，花一個小時還找不到，就某的意義來說這是想當然爾。就算花了一整天的時間還是找不到合適的，我也希望你不要因此氣餒而放棄追求。

不要追求那些廉價、絲毫沒有難度的目標，也不要為此感到焦慮。

在這裡我要跟大家介紹七個磨亮目標的方法。找不到「合適目標」的人利用這個方法，寫下驚人的目標，並且孜孜不倦地磨亮它。

只不過，千萬不要「在還沒發現驚人目標之前不行動」，讓目標設定反而成為新的拖延原因。

磨亮目標請停留在，「今天到就寢前，在可能的範圍之內做到最好」。因時間暫告一段落，讓當時的最佳狀態貼近驚人目標。

七個問題

1	如果目標實現，接下來想要實現那件事情？
2	該目標實現之後，想要感受到什麼樣的價值？
3	如果絕對不想失敗，會想要怎麼做？
4	如果絕對要成功，會想要怎麼做？
5	如果今天是你人生的最後一天，你可能會對哪件事感到後悔？
6	你理想的人是什麼樣的呢？
7	直接了當的說，真正想要怎麼做？

第 二 章

靠著行動革新
煥然一新

展現驚人的行動力

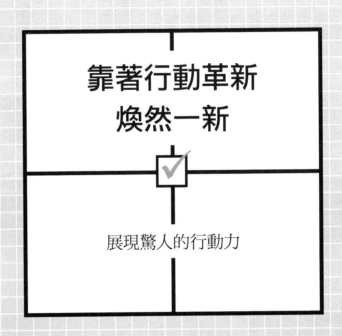

閱讀第二章之前

看到這裡，你的腦海裡是否浮現了擊退拖延的畫面？你有辦法擊退拖延這個惡習嗎？

現在，我要介紹一個，只要花三分鐘就能擊退拖延的方法。

一天一頁，只要將你思考的事情、你的感受文字化，拖延的次數就會逐漸減少。要減少拖延的次數，必須有一面能照出自己的鏡子。

就好像早上起床之後，讓睡亂的頭髮變得服貼，這樣的動作每天都要做。透過鏡子看見自己現在的狀態，將睡亂的頭髮沾點水，再以梳子整理。

拖延其實也是一種習慣，知道自己是什麼樣的思想和情感的習慣＝型態，只要改正過來就可以。每天治好的習性，又有新的習性出現，只要每天搞定就可以。成為鏡子照出自己的就是「四宮格目標筆記」。

我們在鏡子裡看到的不光只是睡亂的頭髮，還有肌膚的狀態如何？是否一臉枯黃還是容光煥發，可以看見許多的狀況。

養成每日記錄四宮格目標筆記的習慣，就是調整你的狀態，不要拖延，這是為了實現自己想要做的事情所做的準備和調整。

四宮格目標筆記是擊退拖延最強的手段。那麼，就讓我們立刻開始吧！

讓人朝著目標展開行動

我在上一章介紹了「驚人的目標」，而該項目標就像北極星一般扮演指針的角色，可以擊退每天出現的拖延。

但是，在每天的生活或是工作的變化之中，迷失了目標或是意志出現動搖。因此，我提出了「四宮格目標筆記」的方法。每天，只要花三分鐘，這個習慣會讓你充滿興奮，進而展開行動，讓你產生重大的改變。

最重要的一點是，請記得要持續寫下去。寫在任何紙張上都可以，但筆記本一覽性較高，容易回頭翻閱。

筆記本每天寫一頁，兩天剛好就是左右兩頁。重要的是，每天要在固定的時間和場所記筆記。

我最推薦的是「早上」的時間，而且要有效的活用不被工作、家事等每天都要做的事情妨礙思考的時間。

許多實現夢想的人，會在工作之前，保留一段時間用來思考「對自己而言最重要的事情」。

人類的大腦，即使是在睡眠中也仍在處理訊息，一大清早的大腦，因為沒有未處理的訊息處於清醒的狀態。

另外，早上的大腦裡並沒有累積了需要處理的訊息，所以也不疲倦。換句話說，要在大腦最乾淨的時間，用來思考你人生中最重要的事情。

據說人類的大腦在無意識的狀態下，每天要思考七萬次。也就是說，一大早寫下四宮格目標筆記，一整天的行動會在創造性佳的狀態下開始。如此一來，七萬次的思考也比較容易是朝實現「驚人目標」的方向前進。

首先，早上起床之後到開始工作前的這段時間內，事先決定在哪個時間和地點，每天花三分鐘做筆記。

- 早上刷牙之後在客廳的桌上
- 吃完早餐後在餐桌上
- 在通勤電車裡
- 上班前在公司附近的咖啡店
- 抵達公司之後在自己的位子上

以上都是很好的時間和地點，請先選擇一個適合自己的時間和場所。

為了讓某個行動變成習慣，很多成功者他們採行的方法就是，讓該行動與「自己喜歡的事物」、「日常的規律」結合在一起。

舉例而言，「想在今年取得某個資格」，但時間都花在日常的工作和娛樂，資格考試的準備幾乎停滯不前。

這個時候，如果你非常喜歡在住家附近的某個咖啡館喝咖啡的話，那麼就把資格考試的準備和自己喜歡的咖啡館結合在一起。帶著書本到咖啡館去，一邊品嚐自己最愛的咖啡，同時也進行考試的準備。

美味的咖啡會帶給你「快」的感情，如此一來也會為、遲遲沒有進展的資格考試準備帶來「快」的感受。

如此一來，資格考試的準備就會變成「能愉快的進行」。

「與日常規律」相集合，其實這件事並不難。

舉例而言，假設要準備 TOEIC 的考試，「早上利用上廁所的背一個單字」、

「洗澡的時候聽英語會話的ＣＤ試著練習跟讀」等，都是可行的方法。

上廁所、刷牙、洗澡等，可以說是幾乎每個人每天會做的事情。如果想要把某個行動變成習慣，可以將該行動與某個習慣的行動結合在一起，這麼一來新習慣很快就會養成。

將驚人的目標寫在筆記本的最前面

要製作四宮格目標筆記，一定要做的事情如同我在上一章所提到，就是在第一頁寫下驚人的目標，制訂目標頁。

將目標寫在筆記本上，可以更加「客觀」地翻閱。透過文字化，容易自我對話。書寫時有以下三個重點：

重點①目標要均衡的分類在六個項目裡。
重點②確認自己價值觀的優先順序。
重點③貼上具象徵性的照片或是圖畫。

就好比種花，如果栽種後置之不理，是不可能發芽的。種子發芽慢慢成長進而開花，必須要適當的澆水和照顧。無論是目標或是種子，都不可能灑完之後就沒事，日常的照料是必須的。

雖然這麼說，但也不是什麼太費神的事情，請大家放心。

你只需要每天早上看著目標頁，培育目標，這樣做就夠了。然後，隨時追加目標、修正目標，讓目標升級即可。

製作一個每次看都會興奮不已的「目標頁」

接下來，**我們要收集有助於強化「目標頁」畫面的材料**。舉例而言，減重成功之後要到自由之丘的服飾店，試穿小尺碼的美麗衣服，度過一個好心情的週末，看著畫面上介紹著自由之丘的時髦商店街，「啊～走在這裡進入一家很棒的服飾店」，以這樣的方式強化個人的想像。

另外，想要 TOEIC 考試拿下八百分，負責海外業務，成為空中飛人在世界往返。如果擁有這樣的目標，收看ＮＨＫ的商用英語會話等節目，想像自己用英文做簡報。

目標頁　從哈佛大學畢業！

對工作・社會的貢獻

- 擁有兩張的名片
- 寫書出版
- 成為日本代表

人際關係

- 花一年的時間帶家人環遊世界
- 參加地區的志工活動
- 成為小學同學會的幹事

金錢・東西

- 成為競賽馬的主人
- 全家搭乘頭等艙出遊
- 擁有自己的快艇

身心健康

- 有六塊腹肌
- 開始投入鐵人三項
- 學習養生膳食

時間

- 每年有兩週的長假
- 每年看一百部的電影
- 住在距離公司十五分鐘路程的地方

學習・興趣

- 前往德國短期留學
- 在印度學習真正的瑜珈
- 在研究所取得 MBA

如果想要到加拿大出差，收集往來企業所在的溫哥華當地的照片。不光是「目標頁」，也可以為了自己收集有助於提高「意欲」的照片、影像或是音樂等，不時拿出來翻閱、欣賞。

另外，閱讀他人成功傳記，也是讓自己的情緒維持在亢奮狀態下的一個有效方法。**這個時候，最重要的是將重點放在「成功之後會有什麼樣的改變？」這一點**。也就是這句話裡的 befer・after 中的 after。

舉例而言，你想要克服拖延資格考試的準備。這時，你不妨去看那些在網路上公開自我學習方法的人的部落格，或是取得資格獲得成功的人的經驗談。

「通過資格考試之後我變得更有自信。」

「開始在公司內部舉行讀書會。」

「與公司外的人有了聯繫。」

在他們的 after 裡，不光只有如何通過考試等的方法論，還有能和你的「情感」產生共鳴的 after。

實際去接觸這些成功人士的真實情感，應該有助於提高你的意欲才對。

目標頁完成之後，我們就進入了日常頁。

只要三分鐘，就能執行四宮格目標筆記

每天書寫的方式就是在一頁筆記本的半頁裡，均等的劃上橫縱兩條線。然後將以下的一到六依照順序填寫，要養成只花三分鐘就完成的習慣。

① 將昨天一整天感到開心、值得感謝、覺得很棒的三件事寫在左上方。

②寫完上述三件事情之後，再將另外發現、感受的事情寫在右上方。

這兩個步驟只能花一分鐘。在還沒習慣之前可利用計時器計時。

③翻到目標頁看十秒鐘。

④自己問自己「今天一整天，為了實現目標想要怎麼做？」，將自己想到的作法寫在左下方。

確認了「想要怎麼做」之後，請想像今天結束後的理想狀態。到此為止花兩分鐘。

⑤將想要做的每件事情以十秒行動寫在右下方。

制訂十秒行動，寫下朝理想的自己想要挑戰的事情。到此為止花三分鐘。

最後——

⑥ **隨時十秒行動，如果想做的事情完成的話，以紅筆畫線刪去。**

以上就是所有的步驟。接下來，我將逐一說明。

1 在左上方寫下昨天一整天讓人開心、想要感謝和覺得很棒的事情

回想昨天所發生的事情，不侷限於工作，私人的事情也可以。「請回想昨天一整天」，相信有不少人會以反省之名，挑出昨天所犯下的錯誤，但**這裡的重點在於正向的回顧**。

一旦開始挑錯，腦海裡盡是想到自己不會的部分或是做得不好的地方。否定的思考一旦出現一個，結果就是接二連三的不斷想起自我否定的事情。

如此一來，腦子裡盡是「反正我就是辦不到」、「挑戰也是白費力氣」等等的負面思考，想要擊退拖延就變得更加困難。

相較於此，正向思考的話，只要想到一個或兩個，同樣的會接二連三想起自我肯定的事情。

只要了解自己是有能力的，「說不定我也可以」、「下次就這麼做」等，立刻會湧現往前邁進的點子或是能量。

養成自我肯定的思考習慣是最簡單的方式，回顧前一天，將「感到開心、值得感謝、覺得很棒」的三件事，寫在筆記本上。無論是大小事都可以，無論是多小、多微不足道的事情都可以，就試著從正向的事情開始想起。

真正感到痛苦、或是不舒服的時候，很容易鑽牛角尖覺得「沒有一件好事發生」，可能怎麼想也想不出答案來。

這個時候，前來找我諮詢的學員裡，有人想到的都是類似下述這些「小事情」，或是對看似理所當然的事充滿感謝：

・吃了冰淇淋。

- 朋友透過 LINE 發了訊息來。
- 搭電車有位子坐。
- 多虧有便利商店讓我在半夜也能吃到水果。
- 感謝清潔公司的員工公司的廁所才能如此乾淨。
- 路旁的花開得好燦爛我被療癒了。

像這樣每天以正面思考的態度回顧過去，思考習慣的變革由此開始。

正面思考與負面思考，每個人有各自不同的傾向。同樣的事情，若抱持正面的想法較能轉換為行動。習慣正面思考的人，比較容易擊退拖延。

抱持負面思考的人，無法改變自己是因為他們把原因怪罪給他人、環境、才能。如此一來，他們會認為沒有努力的必要，離行動愈來愈遠。

但說不定，有的人會有下面這些想法：

- 自己天生就是負面思考，所以很難正面思考
- 生長在一個老是被批評、被否定的環境裡，很難擁有正面思考
- 長年處於負面思考，如今要改為正面思考實在很困難

因此，無論是正面思考或是負面思考，就像是「同樣一件事從哪個角度去看」，只不過是立場和觀點的不同罷了。

因此，只要你有意識地去練習，總有一天會改變。

「為什麼無法正面思考，卻無意識地產生負面思考」，有這樣的煩惱的人其實也不少見。在我的學員裡，就有一位被稱為「不高興小姐」，不管做什麼事情，她總是習慣先負面思考，充滿悲觀的想法。**其實有個方法讓那位超級負面思考的人都能克服。那就是將事實「如實地」接受，不給予任何的評論。**

將所有的事情去除期待、評價和情感，「如實地」面對，如此一來自己就能選擇要以肯定的、否定的態度去面對或解釋。

舉例而言，對於進行到一半的目標，在進入「完成一半」、「只完成了一半」這樣的主觀想法之前，如果能抱持「目標進行到一半」這樣的中立想法，意識上就能選擇肯定的解釋。

2 突然有感而發的事情寫在右上方的空間

當寫下自己的想法和情感後，就能在腦海裡「出現畫面」，心情上也變得輕鬆起來。書寫這件事是讓自己鬆開想法，自己跟自己對話，具有客觀分析的效果。**冷靜的看著自己所寫下的文字，可以客觀地分析自己的情感、想法以及行動。這就叫做「整合認知」。**

在行動革新當中，為了讓任何人都可以實踐「整合認知」，需要兩次的回顧。「寫下三件事情後，再把有感而發的事情、感受」寫下來，這其實就是二次回顧，如此一來，每個人都可以「整合認知」。

「整合認知」沒有所謂的正確、不正確。你所感受到的、所想到的，又或者是你平常沒有說出口，卻不斷在腦海裡思考的事情、心情，都可以順著自己的想法寫下來。

這對於平日習慣於在乎周遭的反應、解讀周圍的空氣的人，或許很困難。但是，這個筆記本不需要給其他人看、不會被評價、批評，所以大可放心的寫下自己內心真正的聲音。

將腦子裡的想法和情感輸出，這是件很重要的事情。

在這個資訊爆炸的時代裡，面對來自各種媒體的大量資訊，我們往往容易淪為接受、輸入的角色。因此，為了取得平衡，我們也需要適時的輸出。藉由輸出，可以忘記不愉快的情感，頭腦和心情也會煥然一新。

3 翻閱目標頁約十秒後，在左下方的空間以自問自答的方式，順著自己心裡所想的逐條寫下「今天一整天，為了實現目標想要怎麼做？」

目標設定後並非就此結束，就如同我上述所說，為了讓好不容易立下的目標茁壯成為驚人的目標，需要翻閱目標頁，每天早上十秒鐘就夠了。

這是一段「未來的錨定時間」。想像一下現在的自己朝未來拋下錨，並往前邁進的畫面。這是你是否感覺情緒高昂，充滿「幹勁」。

未來的錨定時間就是一段讓自己充滿「幹勁」＝想像自己目標實現的時間。這個時候，如果出現新的點子或是更有魅力的目標，請隨時寫下來。

在左下方寫下「今天一整天，為了實現目標想要怎麼做」，這個問題的重點不在於「應該」、「非做不可」，而是請你寫下「為了實現目標你非常渴望做的事情」，把你所想的通通寫下來。

四宮格目標筆記不是幫助你去把未完成的工作完成，也不是要讓你被義務

感所束縛。而是要讓你擊退拖延，去作自己最重要的事情，實現夢想和目標的筆記本。因此，現實生活裡的所有一切暫時擱置是ＯＫ的。

每天被義務感、責任感追著跑的我們，一個不留神很容易寫下應該做的事情，這點要注意。

無法持續記錄四宮格目標筆記，其原因不在於意志薄弱，或是早上爬不起來，或是個性吊兒郎噹。真正的原因在於寫筆記本這是件一點都不有趣。

如果滿腦子都是「今天應該做的事情、非做不可的事情」，打開筆記本的同時，肯定會感到厭煩，漸漸地就不想要翻開筆記本。

因此，當你打開筆記本時，腦子裡所想的一定要是自己想做的事情、想要實現的目標。如此一來，每天都會很期待要打開四宮格目標筆記，自然而然就會養成了習慣。

「今天，想要做什麼呢？」一旦確定之後，不妨也幻想一下今天的「任性三件事」。想像這些事情，就讓腦子裡畫面更明確。

• 如果今天你所寫下的想要做的事情都有辦到的話，你會帶著什麼樣的心情迎接這一天結束？

• 如果今天是有史以來最棒的一天，你覺得會是怎樣的一天呢？

然後帶著微笑翻閱目標頁，為什麼要這樣做？因為態度與表情是會和情感產生連動。光是用眼睛看還不夠。

「在職場或是電車裡，當周遭有人的時候，一邊微笑一邊看著紙張，這種事我做不出來……」，如果你是屬於這樣的人，那麼就在廁所等沒有人的地方進行。重點在於嘴角要上揚的「微笑」，嘴角上揚約一公分的幅度。

無法自然的微笑也沒關係，強制地讓自己出現微笑的表情，如此一來情感上會變得積極、正面。關於這一點德國曼海姆大學弗里茨・斯特勞克博士（Fritz Strack）的研究，可從心理學上證明這一點。

另外，人類眼睛的動作和大腦的活動有密切的關係，眼睛朝下思考是想著過去，會產生負面的情感，眼睛往上思考是想著未來，屬於正面思考。

因此，想要描繪出今天一整天的正面展望，請有意識地讓眼睛朝上思考。

4 針對每項想做的事情，在右下方寫下十秒行動

所謂的十秒行動，是我所提倡最簡單的方法，每天十秒，「這是為了貼近自己希望的未來所採取的一種動作」。

人類的大腦具有討厭變化的性質，但另一方面卻能接受慢慢的改變。十秒鐘這個小舉動，足以應付討厭變化的大腦。

或許有人無法想像十秒鐘可以做什麼。但是，短短的十秒鐘所能辦到事情比你想像的還要多。舉例來說：

・跟同事說聲「謝謝」。
・與人交談中笑出聲音來。
・將突然想到的事情寫在便條紙上。
・把資格考試的相關書籍放入袋子裡。
・閱讀一行與工作有關的書籍。
・慢慢地深呼吸。
・快速地擦拭自己的辦公桌。
・清除電腦中的垃圾箱。
・寫下企劃書的標題。
・回信寫下第一行的內容……

上述的這些事情花十秒應該可以辦到吧？花十秒試試看，如果順利進行的話，就這樣繼續下去也可以。如果不順利的話，也才花你短短的十秒鐘，可以立刻去試試別的事情。

十秒這個時間可說是非常短，因此能輕而易舉的展開行動。在思考時，最重要的一點是要立刻就能辦到的行動。

那個行動必須是有助於實現「自己真正想做的事情」，就算只是個小動作也可以。儘管內心描繪出想要擁有的未來，但為了貼近這個未來，可能會出現一些自己不太擅長的事情，以下這些事情都可以。重要的是你踏出的第一步，無論這步是小是大。

- 「買一些有關那些事情的書籍」，將這件事情寫下來貼在書桌上。
- 在網路上搜尋其他人的作法。
- 到書店去尋找有關該項作業的書籍並拿起來翻閱。

靠著十秒動作朝目標前進，要如何踏出這小小的第一步，格外重要。

雖說是十秒動作，可能還是有些人想不出來。到底那些行動屬於十秒動作呢？將十秒行動再進行分割會更容易行動，這也有助於變換心情。

舉例而言，如果想像將來和過著和現在完全不同的生活。為此而採取的行動是十秒深呼吸，你覺得如何呢？

你是不是在想，深呼吸與「驚人的目標」有什麼關係？

其實，此時你不需要想的太過深入。這個行為等你回過頭來回想時，才開始具有意義。

十秒動作最重要的，並非是該動作與「驚人的目標」具有明確的關係。與其在意十秒動作與目標的關係，其實更重要的是藉由深呼吸，懷抱著好心情迎接一天的開始。因為「好的狀態」連接「好的結果」。

5 隨時十秒行動，如果完成了想做的事就以紅筆畫線取消

對於自己的行動，如果能立即收到回饋，將會提高持續該項行動的意欲。舉例而言，就像是在 LINE 上傳送貼圖或是發訊息，對方的回應比你想像中還快，這樣的舉動會讓你一直沉迷下去。臉書也是一樣的，因為上傳之後立刻有人來按讚，這也是很多人每天持續分享的原因。

這種及時的回饋也能活用在四宮格目標筆記上，不但能提高做筆記意願，還能持續的為目標實現而行動。

該項方法就是當十秒動作完成後，以紅筆畫線，只要這麼一個動作就能提高意欲。**像這樣將達成的事項「視覺化」，就能提高自我的肯定感，這一點是非常重要的。以紅筆畫線，就能感受到小小的達成感。**接下來，實行自己決定的「十秒動作」，不斷的累積小小的自信。

每日頁的書寫方式

昨天一整天讓人開心、想要感謝和覺得很棒的事情	寫下突然又有感而發的事情
寫下今天一整天，真正想做的事情	寫下十秒動作

如果習慣在晚上完成也很棒

實際上，我自己是在睡前寫四宮格目標筆記。

睡覺前，再次確認自己目標。我們的大腦不會睡覺，但臨睡前的狀態、想像會反覆的出現，具有這樣的特性。

換句話說，在睡前寫下四宮格目標筆記，即使在睡眠中也能靠近目標達成，這樣說一點也不誇張。

儘管如此，並非進行新的事情。早上進行的事情晚上也可以做。在大腦的世界裡，睡眠前後是黃金時間。入睡時大腦會自主地的朝目標實現行動，當早上一起床，新的點子會不斷的浮現。

①在左上的空間寫下三件「今天一整天感到高興，想要感謝或是覺得很棒的事情」。

②在右上方寫下「上述三件事情之後，另外發現、感受的事情」。

③在左下方寫下「明天任意的三件事」（想像自己已經達成、進行的非常順利入眠）。

④在右下方寫下為了實現「明天任意的三件事」的十秒動作。

第 三 章

四宮格目標筆記的三個實際案例

越來越多人開始實現想做的事

閱讀第三章之前

到目前為，我已經針對「驚人的目標」和「十秒行動」做了說明。

但是，或許有些人還不是很清楚，「驚人的目標」和「十秒行動」應該到什麼樣的程度。**其實，難易的感覺是因人而異，你認為簡單的事情或許對某些人來說是困難的，相反地，你覺得困難的事情也可能對某些人來說是簡單的。**

因此，我將介紹三位曾參加講座的學員的親身案例。我想在看過他們的個案之後，你將會了解設立「驚人的目標」是非常簡單的事情，「十秒行動」也是非常容易又踏實的做法。

開始記錄四宮格目標筆記的這三人，在他們的筆記本上寫下了各自所處在的環境、以及煩惱，還有真正想做的事情和「驚人的目標」，當然還有適合自己的行動。

在筆記本寫下這些事項並不困難，透過他們三人的筆記本，請試著感受一下什麼樣的程度是符合自己。

開始記錄四宮格目標筆記後，感到非常興奮亦即展開行動……，如果能這樣是最好的。但是我想恐怕還是有些人還搞不清楚什麼是「驚人的目標」。

這個時候，首先將暫時想出來的事情當作目標，輕鬆地開始「行動」。「假設的決定、假設的行動」也沒有關係。

一開始在四宮格目標筆記的目標頁，就能毫不猶豫的寫下目標的人，說不定從來沒有飽受拖延之苦。如果不實際行動，將不會知道自己所設立的「驚人的目標」，到底是不是自己真正想要的。

總之，就是要展開行動，就算只是跨出小小的一步也沒關係。如果自己所寫下的「驚人的目標」不符合自己，那就重寫再調整就行了。

首先，放鬆心情試著邁出小小的第一步。

M小姐的個案（任職於知名機器製造商負責事務工作、34歲、女性）

M小姐的工作是需要上夜班，而且業務繁重，長時間工作是家常便飯。在這樣的情況下，別談什麼想要做的工作，因為非做不可的工作堆積如山。她的工作主要是處理糾紛、客戶服務等，每天被工作的浪潮吞噬，忙著解決突發狀況，連喘息的時間都沒有。

M小姐因為比同事早一步解決工作，結果案件都集中在她身上，導致越來越忙，被工作壓得喘不過氣來。

老是被分配到麻煩的工作，辦公室沒人比她更倒楣，內心憤恨難平。

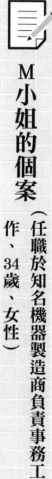

【M小姐的每一天】

- 就算工作順利也會被同事牽連。
- 機械式地處理工作身心疲憊。
- 對這個職場不抱任何希望。
- 很想要改善工作架構，但是職場的氣氛實在說不出這樣的提案。
- 無法從事自己想要做的工作。

設立驚人的目標

我於是請M小姐立下一個驚人的目標。

要她將現狀暫時擱在一旁，跳出公司的框架來思考。如果在沒有制約的情況下，理想的工作方式是什麼？想要從事什麼樣的工作？

一開始，M小姐遲遲沒有找到目標。後來在我的協助之下，她找到了自己想要做的事情。這件事被繁忙的業務給抹煞，讓她暫時忘記了。

【M小姐的驚人目標】

- 週末當中的一天，和家人一起吃晚餐。
- 想要改善職場上的陰沉氣氛，創造一個能愉快工作的環境。
- 想要從事的工作不是處理糾紛或是解決問題，而是支援他人達成目標或是實現夢想。
- 想要成為公司內部的訓練員。

- 想要為那些代表公司參加社外比賽的同事加油。
- 想要開一家咖啡館。

當事人M小姐認為在現在的狀況下，根本無法去完成自己想要做的事情。這一點讓她很難找到屬於自己的驚人目標。

所謂的驚人的目標，其實就是你認為「絕對不可能」的事，但事實上卻存在你的腦海裡。一旦將目標文字化，就會產生一種「還是想要試試看」的想法。

實踐十秒行動

在M小姐寫下了驚人的目標、自己真正想要做的事情之後，我又要求她針對現在的公司、工作、職場，將她所能做到的事情，逐條寫下來。Ｍ小姐將這些項目依照先後次序排列。然後對排名在前面的事項能確實解決，提出十秒就能辦到的最初行動。

【Ｍ小姐的十秒行動】

・成為公司內部的訓練員
→有意識的傾聽同組後輩的話。試著給予同組後輩一個有用的提案。

・想要為那些代表公司參加社外比賽的同事加油。
→發電子郵件給那些參加比賽的同事

首先，M小姐為了實現目標每天持續著十秒行動。

三個月後，M小姐說：「**絕望的心情、鬱鬱寡歡工作的日子，好像是很久以前的事。當時，我從來沒想過能這麼充實的工作**」。她對自己想做的工作提出提案，並且有了得到認可的成果，而她的提案也被接受。

而在她的周遭，還是有很多人處於極大的工作壓力下，有人這麼對她說：

「為什麼只有你可以如此自由的工作？」

「你最近整個人的感覺變了，似乎很享受工作。」

然後，慢慢地職場的氣氛變得輕鬆起來。

M 小姐的四宮格目標筆記

1 昨天感到高興、想要感謝、覺得很棒的事情

1. 在家裡吃晚餐。
2. 同事給了我好吃的零食。
3. 提出了一個改善方案。

2 其他的感想

1. ON 和 OFF 的轉換慢慢上軌道。
2. 很感謝還有人會想到其他的工作人員。
3. 一直以來都沒有提案，曾對此放棄。雖然沒有被接受但心情上舒服不少。

3 今天真正想做的是什麼？

1. 為了成為公司內部的訓練員而開始部署。
2. 帶著情感在朝會上報告。
3. 更仔細的寫報告。

4 十秒行動

1. 找後輩一起去吃午餐。
2. 第一聲充滿朝氣。
3. 打開 word。

H先生的個案（任職於大型IT企業企劃開發部門、29歲、男性）

H先生因為在事務處理部門的成績受到肯定，於是被拔擢到企劃開發部門。但由於上司和周遭同仁對H先生的期待相當高，讓他有感於辜負眾人的期待而意志消沉。

老是被人說：「你連這種事都不會做」、「一直以來你都在做什麼」、「用自己的腦子想一想」，但他完全不知道該如何思考，就連該往那個方向走都不知道。唯一知道的是就是自己無法勝任這個被期待的工作。

【H先生的每一天】

- 處理眼前的案件（時間都花在工作上）。
- 「這樣下去可不行，其實應該要自己提出新的企劃案才對」，一直被這樣的想法所束縛。
- 「至少要比別人工作更長的時間」，所以長時間待在公司。
- 每天搭最後一班電車回家。
- 沒命似地喝酒卻睡不著。
- 打盹到天亮。

設立驚人的目標

我要H先生將現況放在一旁，要他好好的思考自己真正想要做什麼？自己的職場生涯要如何規劃？

H先生一開始對於「想做的事情和目標」，幾乎可以說是完全想不出來。想必也有人跟他一樣。

因此，我要他回想在過去的職場生涯裡曾經達成的目標。這麼一來，他才想起了自己的優點以及擅長的業務，而有了以下的想法。

「這麼說來，那個大企劃案我也曾經參與。」

「我也曾經很努力，怎麼能小看我。」

當我進一步要他描繪屬於自己的未來時，他說出了讓過去的自己都驚訝的驚人的目標：「我想當一位作家！」

【H先生的驚人目標】

- 縮小自己與上司和同事之間的距離。
- 提出能創造新價值的企劃案。
- 抱持好心情結束一天的工作。
- 想要寫小說。

乍看之下，他的驚人目標與現在的工作沒有絲毫的關係，H先生一開始也覺得「我可以擁有這樣的目標嗎？」而感到擔心。但H先生說：「我只要一想到能成為作家，內心就忍不住的激動起來。」

十秒行動的實踐

除了驚人的目標和自己真正想做的事情之外，我也要求H先生針對目前的公司、工作、職場，將自己所能做到的事情，逐一寫下來。然後他將寫下的事項依照先後次序排列，一個個去實行。

【H先生的十秒行動】

・縮短與上司和同事之間的距離。
→自己主動跟對方打招呼、說早安。

・提出能創造新價值的企劃案。
→寫下在意的關鍵字。

・抱持好心情結束一天的工作。
→寫下自己覺得很棒的三件事。

・想要寫小說。
→將上司當作主角候補，試著觀察他的喜怒哀樂。

首先，H先生為了實現驚人的目標，於是每天持續上述的動作。

如此一來，他已經能夠和過去一直想要迴避的上司輕鬆交談，而且還能一起去喝酒。

H先生說：「儘管還是不太適應工作感到很吃力，但是自己跟上司還有同事的距離縮小了，精神上也變得輕鬆許多」。

上午精神集中的時間不光是用來解決雜務，也開始能夠處理重要的工作，加班的時間減少了。思考品質也提高了，「**終於能夠將自己過去的經驗與企劃結合，現在的工作變得有趣了**」。

每天下班回家後，他一手拿著紅酒，開始構思小說。夜裡也能在床上安穩的一覺到天亮。

H 先生的行動改革筆記本

昨天感到高興、想要感謝、覺得很棒的事情

1. 到地方去出差。
2. 出差時與部長兩人一起去小酌，聊了很多。
3. 到地方出差順道回老家一趟。

其他的感想

1. 事實上很喜歡出差。
2. 雖然和部長的關係讓我感到煩惱，但已經轉念覺得「一定會有辦法的」。
3. 希望能早一點回老家！

1. 希望能繼續縮小與部長之間的距離。
2. 想要提出能創造新價值的企劃案。

今天真正想做的是什麼？

1. 早上與同事和上司問好時，想要多加一句話。
2. 試著寫出自己在意的關鍵字。

十秒行動

T先生的個案（任職於教育相關事業人事部、41歲、男性）

從事營業工作超過十年並且績效優異的T先生，被調到自己不想去的人事部門，負責企劃公司內部不同階層的指導課程。

如果是自己非常熟悉的營業部門，他可以想像整個工作流程，幾乎不曾拖延工作。但是他完全無法想像人事部門的工作流程，尤其是不知該如何擬定同仁研修的企劃案，只好不斷的拖延工作，讓他感到很困擾。

另外，該部門除了自己，其他同仁在人事或是管理部門的工作資歷都很長，在這樣的情況下，很難對他們坦率的說出自己的困擾。

【T先生的每一天】

- 周圍的同事與自己話不投機，也很難向他人請教問題。
- 難以適應人事部門獨特的職場氣氛。
- 對於自己沒有興趣、沒有經驗的工作，很難產生工作熱誠。

設定驚人的目標

面對T先生的煩惱，我同樣要他把現狀暫時擱在一旁，好好的思考自己真正想怎麼做？自己的職場生涯要如何規劃？

「不想被開除，不想被降職，希望盡可能在這間公司努力工作直到退休」，一開始T先生所想到的只有上述這些。

後來，我要他回想童年時期曾熱衷的事情。如此一來，他想起了自己小時候非常喜歡活動身體，沉迷在運動中。

然後，他想要成為自己居住地的球隊的專屬志工，而非只是單純的球迷，希望能貢獻一己之力幫助居住地的球隊能夠晉升為職業隊伍，透過運動讓家鄉變得繁榮、實現自己的夢想，內心充滿了這樣的熱情。

【T先生的目標】

- 成為人事工作的專家。
- 成為志工，協助家鄉的球隊能夠升格為職業隊伍。

十秒行動的實踐

除了驚人的目標和自己真正想做的事情之外，我也要求T先生針對目前的公司、工作、職場，將自己所能做到的事情逐一寫下來。然後T先生將寫下的事項依照優先順序排列，一個個去實行。

【T先生的十秒行動】

・想要成為人事工作的專家

↓申請參加公司外部的研討會，邀請人事部門的同事一起吃午餐。

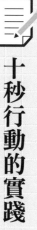

・成為專屬志工，協助家鄉的球隊能夠升格為職業隊伍。
↓首先前往比賽會場申請加入志工。

T先生每天早上確認了驚人的目標後，會自己問自己說：「今天一天，真正想做什麼？」，並且在每天的生活中貫徹十秒行動。

這麼一來，之前感到格格不入的人事部門的氣氛，也慢慢習慣了。同時也開始能心平氣和的與一直逃避的上司和同事交談。

更棒的是，他還發現了人事部門的工作，有助於他在處理球隊內部的整合工作，T先生說：「**完全沒有興趣、非常討厭的人事工作，竟然與自己想要做的事情可以連結在一起，工作變得有趣起來。**」

每到週末，他會去為地方的球隊加油，身為志工的他，非常積極投入的各項活動，藉此增加參與球隊事務的機會。

為了開拓他在家鄉當地的人脈，參與地方活動的機會也變多了。

「因為苦惱拖延情況沒有減少的那時，無論是在公司或是在家裡都無法靜下心來。現在，每天有很多想做的事情非常充實，無論是平日或是休假日都覺得時間過得很快。到我這把歲數，每天竟然還擁有像是學生時代一樣的熱情，我感到很開心。最近，我還製作了自己的第二張名片」，T先生開心的對我說著他實現了平行的事業。

T 先生的四宮格目標筆記

昨天感到高興、想要感謝、覺得很棒的事情

1. 在期限內完成工作。
2. 今天也沒有喝加糖的罐裝咖啡。
3. 在附近的公園慢跑。

其他的感想

1. 這次也到最後一刻才做完工作，下次要更有計畫。
2. 開始覺得黑咖啡很好喝。
3. 活動身體很開心，晚上睡得更好。

3

今天真正想做的是什麼？

1. 想要從事人事的工作。
2. 繼續喝黑咖啡。
3. 想要參與志工的活動。
4. 想要和上司約定時間討論工作。

4

十秒行動

1. 將參加社外研討會的摘要放進上班用的包包裡。
2. 午餐時外帶一杯黑咖啡。
3. 搜尋「web 報名的網頁」。
4. 早上與同事打完招呼後想要順便聊聊天。

第四章

讓四宮格目標筆記持之以恒的妙招

不厭倦！不鬆懈！不放棄！

閱讀第四章之前

本書到這裡為止，我已經將擊退拖延的技術教給了大家。

我建議各位利用早上的時間來寫四宮格目標筆記，等到三個禮拜過去，這項習慣慢慢上了軌道之後，可以利用空閒的時間或是瑣碎的時間，增加翻閱目標頁的次數，提振自己的心情同時去想像「在未來拋下定錨」。

目標達成的畫面愈清晰，未來定錨的威力愈容易發揮，有助於減少平日拖延惡習的發生頻率。

這麼做將更容易加速擊退拖延這個壞習慣。

接下來，我會介紹幾個、讓四宮格目標筆記的習慣更加順暢的方法。我嚴選了幾個接受我指導的學員，他們實際採用過的有效方法。

這些方法不但讓他們注意力更加集中，不只在工作方面，就連私領域也能在一個無壓力的狀態下。

但是，這些方法不是每一個都適合你。

舉例而言，其中一個方法是「尋找和你一樣擁有目標的夥伴」，有些人可能會因為有了相同熱誠和目標的夥伴變得更努力，相反地也有人會覺得產生了義務感或是壓力而感到痛苦。

因此，**請選擇一個現在的你「想要採取的方法」，開始試試看**。

十秒行動不要想太多

思考十秒行動的內容，再將十秒行動謹慎地寫在筆記本上，如果這兩件事情花你太多精神，要每天持續下去是很辛苦的。

所謂的十秒行動，可以是「打開電腦裡的文件夾」、「翻閱資料」、「發出聲音閱讀」等，只要簡單地逐條寫下行動的內容即可。

- 十秒行動會有效果嗎？

- 還有沒有更好的十秒行動？

像上述這些煩惱是不需要的。請試想沒有「完美的十秒行動」、「讓自己滿意的十秒行動」，只要想成「假設的決定」、「假設的行動」就可以了，要帶著愉快的心情去做。

最重要的是不要把目的和手段顛倒過來，要克服拖延必須有「驚人的目標」，和某些「行動」。最初的一步要是過於含糊，將難以付諸行動。因此，十秒行動是將你付諸行動的「第一步」給文字化。為了貼近「驚人的目標」所做的這個小「行動」，將會帶著你前往你所期待的方向。

因此，任何一件小事情都可以，思考十秒行動的內容並寫下來，切記請不要花太多的時間。

舉例而言，如果你的目標是「磨練英文能力跳槽到外商企業」、「將英文參考書放入上班用的包包裡」，這就是一個「十秒行動」。

接下來就等試過一次之後再來思考。如果因為「將英文參考書放入上班用的包包裡」這個動作，而開始了英文學習，明天以後也能持續相同的十秒行動，如此一來一定可以磨練你的英文實力。

若要是「將英文參考書放入上班用的包包裡」這個動作完成之後，英文學習依舊沒有進展的話，明天換一個十秒行動。

比方說，「將英文小說放入上班用的包包裡」、「將英文學習的APP下載到到手機裡」、「搜尋英文學習的網站」等等，思考新的十秒行動。

請務必帶著輕鬆愉快的心情，思考十秒行動並書寫下來。

持續一個禮拜時「給自己一點獎勵」

如果記錄四宮格目標筆記的習慣持續一個禮拜，請給自己一點「獎勵」。一提到「獎勵」，相信很多人一定會聯想到昂貴的東西、特別的事情。但我所說的獎勵並非如此，只要能讓你擁有好心情，任何東西都OK。

這個「獎勵」的重點在於事先就決定好。

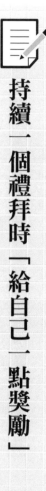

舉例來說，E先生每個星期六都回顧一次四宮格目標筆記。當他持續記錄四宮格目標筆記一個禮拜後，他給自己的「獎勵」是「到自家附近最喜歡的咖啡館去」。因為有了獎勵，實踐四宮格目標筆記這件事情就和「心情愉快」結合在一起。

「心情愉快」是給予大腦的情感，這個愉快的情感會與養成記筆記的習慣結合在一起，讓人更有動力進行目標。

在我的學員當中，有些人不是一個禮拜給自己一次「獎勵」，而是設定每天給自己一個「小獎勵」，他們認為這樣的做法比較有助於習慣的持續。

S先生每天以紅筆在月曆上劃上星號，當作是給自己的「獎勵」。另外，Y先生會在記錄四宮格目標筆記的當天，讓自己玩十五分鐘最喜歡的電玩當作「獎勵」。這麼簡單的事情會有效果嗎？或許有人會產生這樣的疑問，但事實上效果驚人。

就算是小小的報酬也是很棒的報酬。「獎勵」並不需要是價格昂貴的東西。請抱著輕鬆的心態設定你的「獎勵」。

另外，還一件重要的事就是眼睛看不見的獎勵，「自我稱讚」。

我想有很多人對自己太過嚴苛，老是把目光放在自己辦不到的事情上，然後不斷地責怪自己，對此感到苦惱。

但是當你開始養成了記錄「四宮格目標筆記」的習慣，這件事本身就是個挑戰。新的挑戰能持續一個禮拜，就具有相當大的價值。

每天忙碌的工作、一陳不變的生活，對於能夠持續新挑戰的自己，首先請給這樣的自己好好的鼓勵，告訴自己：「真棒！」、「太好了！」肯定自己。

比起其他事情，持續記錄四宮格目標筆記，就能讓你慢慢地不再拖延自己想要做的事情。如此一來，壓力減輕了，一天當中心情愉快的時間也增加了。這才是最大的「獎勵」。

就算無法做到十秒行動，也不要責備自己

「忘記寫四宮格目標筆記」、「忘了十秒行動」等等，雖然開始養成記錄四宮格目標筆記的習慣，但有時也會完全忘記或是找不到空檔完成。

- 為什麼今天會忘記呢？
- 下定決心要靠四宮格目標筆記克服拖延，但持續不到三天……
- 昨天完全沒有發現忘了寫四宮格目標筆記，對這樣的自己感到無奈。

這個時候，請不要責備自己。

遺憾的是責備「無能的自己」，也不會讓自己變好。因此，無論是忘記記錄四宮格目標筆記、或是忘記十秒行動，就讓這些事情隨著今天結束而過去，請忘了它。「無法辦到」、「忘記了」等等，這些都是一種回饋。

與其責備自己，倒不如思考該怎麼做才好？

- 該怎麼做才能持之以恒呢？
- 該怎麼做每天才能沒有負擔，而且不會忘記寫四宮格目標筆記呢？
- 該怎麼做才能徹底實行十秒行動？

你只要思考這些問題就行了。如果什麼也不做就這樣擱著會讓你感到很痛苦的話，那就從今天改過來即可。

不要去想「辦不到」，而是要試著想「從現在開始執行還來得及」。只花三分鐘就能從厭惡自己的情緒中解放，既然如此沒有現在不做的道理。

「零或是一百」、「全部或是沒有」，這樣的想法可能會讓你鑽牛角尖走不出來。當完美主義的情緒出現時，**請立刻將注意力放在「已經完成的事情」上**。

舉例而言，如果你發現「有事情還沒有做」，儘管只是這樣也是一種進步。像這樣的正向思考，才有助於克服拖延這個惡習。

擬定計畫ABC

提出「首先從十秒行動開始」這個提案的四宮格目標筆記，如果是為了取得某項資格而唸書的話，就必需加上「如果不唸完這本參考書是不可能合格」這樣的必須條件。

在這樣的狀況下，**「雖然有計畫卻進行的不順利……」，如果有上述這個困擾，請務必加入這個強化術**。

「距離資格考試只剩一個月！這個禮拜絕對要做完三十頁的參考書」，假設你做了上述的決定，然後計畫在星期二和星期六晚上，各看完十五頁。但是，星期二晚上加班了……結果計畫泡湯了。

類似這樣的經驗你也有過嗎？

事先的計畫無法順利進行，無論處於什麼樣的狀況，為了達成「一個禮拜一定要看完三十頁」的目標，必須要多擬定幾個計畫。

計畫A【理想的計畫】星期二的晚上十五頁、星期六的晚上十五頁。（但是，星期二晚上可能會加班）

↓

計畫B【可能出現狀況的計畫】星期三～星期五各五頁、星期六晚上十五頁（但是，星期三～五的晚上可能有幾天沒有體力唸書）

↓

計畫C【可能出現狀況的狀況的計畫】星期三～星期五的某天十頁、星期六晚上十五頁、星期日晚上五頁

類似上述的方法。

像這樣養成擬定三個計畫的習慣，「無法按照計畫進行」的狀況，其發生機率將會大幅下降。

任何計畫都不要讓自己感到痛苦，要以自己為主體來訂定計畫。

習慣拖延的人，最常掛在嘴上的七個口頭禪

你是不是常把「沒有時間」掛在嘴邊呢？

在拖延成為問題之前，如果把口頭禪給改了，煩惱也會跟著不見。因此，我要跟大家介紹幾個、不斷陷入拖延循環裡的人，他們共通的口頭禪。

口頭禪 1

「因為……所以我不行」→因為條件不足所以放棄「行動」

「現在沒有錢所以不行」、「因為沒有人幫忙所以不行」等，「啊～如果有時間好想去旅行」等，也都屬於相同的類型。這種類型的人會收集很多「不行的條件」，用來說服自己。

口頭禪 2

「如果……的話該怎麼辦……」→因為擔心所以放棄「行動」

「如果失敗的話該怎麼辦」、「要是白費力氣該怎麼辦」、「會不會不順利啊」。將失敗的風險膨脹到最大，迫使自己暫停「行動」。

口頭禪 3

「事到如今」→因為年紀上的不許可所以放棄「行動」

「我不認為現在才開始會有什麼成績」、「我都這把年紀了這種事情我做不來」等，「如果讓我再年輕個十歲我就可以」等，也屬於這個類型。將絕對不可能重來的「時間」當作理由，放棄「行動」。

口頭禪 4

「我先學一點之後再……」→因為現在實力不夠而放棄「行動」

「想學一點技術之後再實行」、「目前還沒有實力站在那裡」等。通常好學心旺盛的人，因為很少在他人面前失敗，因此出現這個口頭禪的機率較高。

口頭禪 5

「看起來好難……」→看起來很難所以放棄「行動」

「太難了」、「看起來很難喔」等。每當面對新的挑戰時，都會把困難當作前提，避免一旦事情進展不順利時會因此受到傷害，以此保護自己。其結果大多都是半途而廢。

口頭禪 6

「因為還有其他愉快的事情⋯」→好像不太合適所以放棄「行動」

「因為還有其他更適合自己的」、「覺得不適合自己」等，如果內心也這麼想就是正確的，很多人因為聽從「大腦的聲音」開始新事物，也因為聽從「大腦的聲音」就放棄。

口頭禪 7

「結果不如目標所想」→沒達成目標就放棄「行動」

「設定了○○的目標而參加比賽，卻沒能拿到名次」、「抱著背水一戰的心情參加考試，結果非常糟糕」等。這個口頭禪經常聽到。依照自己的意思「行動」，這件事本身非常好，卻過於在乎「未能達成目標」的結果。

要有意識地不把上述這些口頭禪掛在嘴邊，就可以克服拖延。試著有意識地改變你的口頭禪吧。

縮小刻度來思考

「明明心情很興奮卻無法展開『行動』」，或許有人會遇到這樣的問題。這個問題的特徵之一就是把『行動』這件事放大來看。

舉例而言，從來沒有跑步習慣的人，突然決定每天要跑五公里，卻遲遲無法下定開始的決心——這樣的狀態，就是我前一段所說的。

這就是十秒行動無法順利進行的證據。

如果想要體會跑完全馬時的那種充實感，不應該一下子就跑五公里，極端地來說第一天只要「穿上運動鞋走到附近的超商」，做到這種程度即可。

請從十秒就能夠辦到的行動開始。「絕對可以，絕對可以成功的小行動」，抱著這樣的意識累積每天的「行動」。

舉例而言，基於驚人的目標，決定「今天要跑五公里」，當你這麼想並且開始付諸行動，但因為狀況不佳只跑了兩公里就結束了。

這個時候，你會不會覺得「今天的『行動』失敗……」？

如果你會這麼想的話，那是因為你的刻度太大了。

你的刻度只能測量「跑五公里就是成功」和「沒跑完五公里就是失敗」這兩種狀況。這樣的你，為了你自己，必須要把刻度縮小來思考。

比方說，「穿上運動鞋」、「走出戶外」、「不用走的而用跑的」、「跑一百公尺」、「跑一公里」……等等，上述這些行動都是縮小刻度就可以測量的。

如此一來，你就會認為跑兩公里是一件很厲害的事情。

「堅持到最後」、「認真做」，抱著這樣的心情去從事某件事情，會讓你用力過度，反而難以持續。

像這樣的人有「過於努力」的傾向，需要注意。

在「行動」之前就使盡力氣，往往難以順利的開始。就算開始了也會馬上喘不過氣來難以長久。

如果這樣的狀態持續下去，明明是抱著「want to」（想要做）的心情開始的，結果卻變成了「have to」（必須做）。**「過於努力」的人，請好好的重視「無法持續到最後」、「無法好好做」這樣的感覺。**

事先已經決定今天的目標是「做完五頁的參考書」，於是充滿幹勁的埋頭苦寫，但做到第四頁時就停筆了，像這樣有幾天「不做到最後也沒關係」。

「每天下班前要把辦公桌整理乾淨」，做了上述的決定後開始實行，今天只要把文件整理好就行了，這樣的情形也是被允許的。

有幾天「無法好好完成」也沒關係。降低對自己的障礙，會讓「行動」變得更容易，有助於行動的加速以及習慣，而且能有好的開始。

開始拖延「筆記」，該怎麼辦？

開始記錄四宮格目標筆記，結果連寫筆記本這件事都拖延起來，讓人感到沮喪，或許有人會出現這樣的問題。

現在，我就要告訴大家解決這個困擾的特效藥。

那就是，**最大限度地活用「視覺」**。

具體而言該怎麼做呢？那就是盡可能讓你的眼睛看到筆記本。

比方說，如果你希望能在上班前完成四宮格目標筆記，那麼請把筆記本放在起床之後到上班之前的動線裡，也就是在你出門前一定會看到的地方。就這麼簡單。

根據一項研究統計資料，人類的大腦有百分之八十三是來自視覺的資訊，尤此可見視覺上的訊息帶給大腦極大的影響，如果將筆記本放在視線可即的地方，就會產生想要寫四宮格目標筆記的欲望。

此外，有人習慣於就寢前將筆記本放在餐桌上，或是放在在智慧型手機的充電器旁。我的習慣則是放在書桌的正中央。

像這樣事先將筆記本納入視線範圍內，有助於實踐四宮格目標筆記。

另外，**要使用什麼樣的筆記本，其實跟你日常習慣有極大的關係**。

有學員曾經問過我：「是否有推薦的筆記本類型可以作為四宮格目標筆記？」筆記本有空白的、橫線的、直線的、方格的、活頁筆記本、大學專用筆記本等種類，而其質感、顏色、封面的設計、紙質、尺寸、是否容易取得、價格等要素也不盡相同。

其實什麼樣的筆記本都可以，關於筆記本的選擇我只能說：「請以個人的喜好和講究為最優先。」

舉例而言，想要把筆記本包上書套隨身攜帶的人，可選用薄一點的筆記本，尺寸可以是A6的文庫本或是B7的護照大小，這樣的尺寸攜帶方便。

另外，習慣跳躍性思考的人、或是想把筆記本放在家裡的人，那麼我推薦A4的大學專用筆記本或是比A4稍微小一點的B5筆記本。因為有人說：「筆記本的大小反應出一個人思考的尺寸」。

我個人使用的是無印良品的B5方格筆記本，這個筆記本相當輕，方格內頁較容易畫線。當然，如果你使用的是家中現有的筆記本也沒關係。**在找到理想的筆記本之前，拖延記錄四宮格目標筆記，這反倒是本末倒置**。

在目前可能的範圍內，找到一本有助於提升你行動欲望的筆記本吧。

另外，在我的學員當中，有人只有在記錄四宮格目標筆記時才會使用鋼筆。將個人非常喜歡卻不曾使用過的鋼筆，當作「四宮格目標筆記的專用筆」，有助於提高興致，帶著愉悅的心情寫四宮格目標筆記。除此之外，還有人會使用個人喜歡的「書籤」，讓寫筆記本這件事變得很快樂。

安排報告會

從事心肺潛水這項活動時，通常會要求兩個人以上成一組（Dive Buddy），一起行動確認彼此安全。

英文的 Buddy 是「同伴、搭檔」的意思。提高目標達成速度的方法之一，就是找三個擁有相同目標的人，定期舉行「行動」結果的報告會。

舉例而言，打算「在夏天之前取得與英文有關的資格」。當你有這樣的想法時，你可以另外尋找兩位「也想一起加入」的夥伴，三人組成一個小團體。

三人平日各自「行動」，選在星期天晚上利用 Skype 或是 Line 等通訊軟體的群組功能，將這一個禮拜自己的「行動」內容、心得、尤其是特別具有效果的部分，彼此報告。

對那些只要是孤軍奮鬥就難以持之以恒的人而言，一想到「必須要跟夥伴們報告」，就會讓行動持續。

如果你找到相處愉快的夥伴，每當「有了很棒的成果時」，就會迫不及待想跟夥伴們報告，而這份動力也讓你可以繼續努力下去。

這樣的報告會有三個重點。

① **人數**。三人組合是最棒的。

兩個人也沒關係，但如果是兩個人的話，要是其中一人「這個禮拜比較忙沒什麼時間『行動』」或是「這個禮拜我剛好有事，報告會要暫停一次」，類似這樣的情況會比較容易發生，夥伴關係可能很快就解散了。

就這點看來，如果是三個人成一組的話，就算其中一人有事情不克參加，剩下兩個人也可以如期舉行。

另外，休息一次的那個人可以於下次再加入，報告會得以持續下去。

如果人數過多的話，或許有些人會產生「我好像是這個團體的配角」的想法，容易失去主體性，沒有動力繼續下去。因此，根據我的經驗，三個人開始是比較恰當的。

②**定期報告的日期和方法**。這必須要事先決定。「星期天晚上透過 LINE」，像這樣簡單的約定就可以了。如果不事先確定時間和方法，就像是沒有期限，會失去報告的機會。

另外，關於報告的方法。只要使用ＳＮＳ以文字報告就十分有效，但若再附上照片報告會更具效果。另外，Skype 或是 Zoom（視訊會議軟體）等，都有可多方交談或視訊的功能，增加報告會的樂趣。

③**氣氛**。也就是打造一個氣氛融洽的報告會。

不是採取扣分的方式，而是要以加分的方式進行，這是最重要的。就算你自認為「一事無成」，但事實上在那個禮拜你還是完成了某些事情。這時候，報告會就是彼此仔細確認的好時機。

報告會的目的其實就是讓所有小組成員產生一種、「加油！從明天起要更快樂的努力」這樣的心情。

至於要採取什麼樣的方法，才會讓小組成員感受到報告會的餘韻？你可以和夥伴們一起想像再做決定。為了讓報告會能持續下去，有關報告會的日期、方法，都可以不斷的變更，直到找到一個最適合你們的模式。

沒有多餘時間十秒行動時，該如何重新開始？

有工作的人，可能會突然遇到緊急糾紛或是突發的工作接二連三，忙著埋頭處理眼前的案件，連實行十秒行動的時間也沒有。結果，一件事情也沒有完成，導致情緒焦躁、思緒混亂……，像這樣的人應該不在少數。

每天被業務追著跑，很多時候無法如預期那樣寫筆記本。這樣的情況若持續下去，甚至可能產生「半途而廢的感覺和焦慮愈來愈強烈，還不如不要做」這樣的心態，內心自動啟動了「放棄的模式」。

在陷入這樣的情況之前，**必須要有個契機，能讓你在職場上、短時間之內轉換心情，重新設定行動革新**。

在此我要向大家介紹幾個方法。

但無論哪個方法，其最重要的是「自己的意志（Timing）是主動的」，這樣才能重新設定。

1 如果實在找不到開始的機會，倒不如設定兩個時間限制

「今天要在什麼時候開始」、「今天要在什麼時候結束」，像這樣設定兩個時間限制，如此一來會更加集中精神處理眼前的工作，確保有時間能進行十秒行動當中的其中一項。

很多人對最後的期限有意識，但對開始的意識較為薄弱。

一般來說，在最後的期限之前，愈感到餘裕的人，愈容易產生拖延的現象，通常等到火燒眉毛時才會開始動手。

這就是所謂的「帕金森定律」（Parkinson's Law）。

其實，只要決定「什麼時候開始」，一個小小的動作，就能夠讓你擺脫因無法開始而產生的煩躁心情。

2 保有「一個人的時間」，哪怕一分鐘也好

面對響個不停的電話以及一堆未讀的郵件，實在讓人徹底感到厭煩。如果保持這樣消極的情緒，無論做什麼，得到的結果都是消極的。當你像陀螺一樣轉個不停沒有多餘的時間時，更需要「保有一個人的時間」。

舉例而言，就算不想去也要去廁所等，迅速的離開當下的環境。在安全梯等地方花一分鐘閉上眼睛，此時你的心情和思緒都會平靜下來。

3 「做〇〇」，將寫上「十秒行動」的便條紙貼在電腦等地方。

將寫上了「自己真正想做的事情」的便條紙，放在視線可即的地方，鬆懈的心情會在瞬間適度的整理。

休息時離開座位之前、休息結束後回到座位上，一定看得到便條紙，如此一來就會很順利的開始著手。請務必試試看。

4 翻閱資料

往後推延的工作難以開始時，就從「翻閱資料」做起，如此就能順利的開始。**與其去思考該如何結束工作，倒不如去製造開始工作的「頭緒」**。

我們的大腦裡有一處被稱為「伏隔核」的區域，在這裡面有「幹勁的開關」。這個伏隔核一旦遭到刺激就會分泌多巴胺。如此一來，大腦就會想要取得該項經驗，不斷的反覆催促。這就是幹勁的來源。

換句話說，在大腦科學裡並不是「幹勁→行動」，正確的順序應該是「行動→幹勁」。所以開始「翻閱資料」，儘管是個小動作也能對大腦造成刺激，使伏隔核開始動作，然後產生了幹勁。

5 結果不是目標，焦點放在行動目標

遲遲無法開始著手遭拖延的工作時，要把重點放在行動目標而不是結果目標。所謂的結果目標指的是「完成企劃案」、「拿到新的訂單」等，是以結果為目標。所謂的行動目標是指「寫下企劃書的標題」、「打五個電話」等，意指當下立刻可以辦到的具體行動。

就如同上述的解釋，目標可以分成結果目標與行動目標。**障礙大大降低之後，就能輕鬆的將焦點放在行動而非結果上，輕鬆的開始。**

提升十秒行動的等級

為了要克服拖延的惡習，你要朝著自己真正想要實現的「驚人的目標」，持續「每日的十秒行動」。但老實講這樣做還不夠，你會想要更多的「行動」。當然，這個時候十秒行動還不能停止，要繼續下去。

「十秒行動」其實是扮演著火種的角色，將你真正想要實現的事情和拖延的事情有了連結的「契機」，這就是「十秒行動」。

行動其實很有趣，太過於簡單或是太過困難都會難以實行。

為什麼呢？太過簡單的話就會流於無聊、不有趣，沒有成就感。相反地，太難的話就會產生無力感、不安和痛苦。

一旦厭倦於十秒行動，就會出現草率和惰性，十秒行動就無法成為「契機」、「扳機」、「行動的入口」，也就是不能扮演火種的角色。

這個時候，把時間拉長看看。如果放入木炭或是木材不能馬上起火的話，我們通常會再多放幾個火種。當「十秒行動」這個行動的開關無法產生功能時，那我們再追加「一分鐘動作」。

・花一分鐘，閱讀書籍或是資料。
・花一分鐘，整理桌面。
・花一分鐘，將等一下會面的事情或是確認事項逐條寫下。
・花一分鐘，做收音機體操。
・花一分鐘，將想要做的事情依照先後次序或是流程寫下來。

但是，有一點需要注意。這個「一分鐘動作」是放在「十秒行動後」實行。

如果突然就進行「一分鐘動作」，很多時候會難以持續，其步驟就是「十秒行動＋一分鐘動作」。

就算沒能立刻立竿見影，也不要放棄

我想應該也有人曾經試過四宮格目標筆記，但總覺得很不對勁。另外，扮演火種角色的「十秒行動」沒有發揮應有的效果，最終還是沒能擊退拖延，這樣的情況也可能會發生。

擊退拖延……，這樣的表現方式，感覺上像是一件非常大的事情在瞬間發生，可能會有人產生這樣的錯覺。

事實上，並非如此。

其實在四宮格目標筆記開始時，變化就已經一個接著一個產生了。

• 期待每天早上起床打開四宮格目標筆記。
• 不會只停留在思考的階段，甚至進而展開行動。
• 能不被情感左右的生活著。
• 開始會想要「明天試著這樣做！」

等等，這些都是很小的事情。

開始使用四宮格目標筆記後，能在短時間內成功擊退拖延的人，都有其共通點。那就是在乎微小的變化。持續四宮格目標筆記之後，沒有人是不產生變化的。只是這小小的變化，你「發現了」還是「沒發現」罷了。

因此，我還要再說一次。

一開始就算沒有實際感受到劇烈的變化也沒關係。

只要能持續下去，一定會出現小變化。總之養成每天記錄四宮格目標筆記的習慣，以下的狀況一定會發生。因為「持續就是力量」。

- 等你發覺時會有驚人的大發現。
- 拖延帶來的煩惱不見了。
- 自己想要做的事情能快速的進行。
- 不知不覺中夢想實現了。

結語

找到自我的生活

「爸爸老是說：『等一下』，這個『等一下』是要等到什麼時候？」

這是發生在二〇一五年秋天的事情。

我在那一年之前，以《真心想要改變的人的行動革新》這本書初試啼聲躋身作家之列。在許多讀者的支持下，這本書一共出了四冊，累積銷售量超過十萬本，榮登暢銷書排行榜。

因為書本的熱賣，演講、研習的邀約愈來愈多。甚至於新書的邀稿、報紙、雜誌的採訪、廣播節目的演出等等，各式各樣的工作蜂擁而來。在此同時我還是一位目標實現的專家、企業經營者、運動員的心理諮商師，還前往上市公司舉辦研習，全神貫注在工作上。

這一天，我跟平常一樣將尚未處理完的工作帶回家準備繼續工作。

這時，我的小兒子跑來跟我說：「爸爸，來陪我玩！」。我一邊看著電腦的畫面，一邊回答說：「等一下」，這時小兒子發出了像是生氣的悲傷聲音，回了我這個章節一開始的那句話。

這句話對我而言簡直就是當頭棒喝。

想要玩耍的兒子，跑來對我說：「爸爸，我們來玩！」，但我總是把「等一下」當作拖延的口頭禪。我其實沒有惡意，「為了家人、為了我的顧客，現在的我必須全力以赴的工作」，我是這樣說服自己的。

當時，我的工作怎麼做也做不完，處於一個長時間勞動的狀態。

提倡行動革新的我也不例外，將書本和雜誌的邀稿，不斷往後拖延，超過期限根本是家常便飯。

不得已之下拖延的次數變多了，每天過得不怎麼愉快，不知不覺當中，我竟然沒有時間跟最重要的兒子一起玩耍。

更慘的是我的睡眠時間也受到壓迫，肩膀、脖子的酸痛情況日益惡化，愈工作愈累，一天比一天憔悴。

就在這個時候，兒子的這句話真是一語驚醒夢中人。我當下做了決定，再也不說「等一下」這句話了。

因為我發現自己已經失去了「驚人的目標」。

「為了家人和我的學員們，我這麼努力，但我的人生到底是什麼？」

「真正想要做什麼？」

於是我再一次的想起自己的初心，自己問自己：「真正想做什麼？」，再一次的重新設定「驚人的目標」。再一次勇敢的面對自己，與自己對話。

「全心全意投入只有自己才能做的工作，好好珍惜與小孩相處的時間，因為這是一段無可取代、不會重來的時光。」

我聽到了自己內心的聲音。

於是我開始優先處理、最貼近未來目標的工作，不接受任何請託的工作，開始懂得拒絕別人。如此一來，情況慢慢出現改變。

現在，我的工作重心放在、協助下個世代的領導階層、個人的指導、指導員的培訓、以及書本‧電子雜誌‧專欄的執筆、企業的研修等。

更棒的是我不但擁有了與妻子和兒子一起悠閒度過的親子時光，還有了自己一人閱讀、思考的獨處時間。無須藉助酒精也能一夜好眠，早上起床時精神飽滿。儘管工作時間減少了，但滿足感和收入都提高了。

那你又是如何呢？

將自己真正想做的事不斷的往後拖延，其原因不在於你的性格（怕麻煩、慎重、完美主義、注意力不集中、樂觀、優柔寡斷）。更無關你能力的好與壞。

你之所以會不斷的拖延，是因為不知道其他解決的方法。請務必試著持續「在未來定錨」以及「行動革新」這兩件事，為了要克服拖延，請活用四宮格目標筆記這個方法。

人生不能採排，每一秒都是來真的，正因為如此才不該拖延，想要做的事情現在就著手進行，這才是最重要的。貼近自己的真心，並且給予尊重。這就是對自己的尊重。

你會在意自己將事情往後拖延，這當中一定有什麼是讓你難以放棄。

當你採取了對自己而言是具有價值的行動時，一個只有自己感受得到、充滿充實感的未來，正在等待著你。

目標是為了實現而存在，而該目標是朝向理想的未來、願景，一個明確的記號。本書的方法非常簡單，朝著自己的夢想，不要放棄行動，沒有什麼比這件事更讓人感到開心。

擊退拖延的口號是，目標是熱情且無限遠大的「驚人的目標」，行動則是「現在立刻就能辦到的十秒行動」。

這本書在許多人的支持之下才得以完成，在此我要由衷的感謝本書的編輯、長谷川勝也先生，以及大和書房的所有同仁。

另外，我還要感謝讓我有機會從事如此有意義的工作的顧客們、好友們以及我的家人。真的非常謝謝大家。

接下來的話，我想對我的家人說。我的妻子、朝子，她一直陪在我的身邊，是我人生旅途上的夥伴，也是工作上最強的合夥人教練，全心全意的支持著我。還有我兩個兒子——晃弘、達也，他們總是讓我知道什麼是最重要的。

我要把這本書獻給我珍愛的這三位家人。

我還要向將此書讀到最後的讀者、你，致上最誠摯的謝意。非常謝謝！如果可以的話，請讓我知道你讀完此書之後，最率直的感想。我會認真的閱讀每一篇來自讀者的感想，歡迎你把心得或是感想寄到刊載於下一頁的電子信箱。

藉由「四宮格目標筆記」的實踐，幫助更多人將自己的可能性發揮到最大，並過著充實且笑容洋溢的每一天。

我期待在不久的將來，能與各位讀者近距離的面對面。

大平信孝

職場通 職場通系列 043

四宮格目標筆記

找回自我目標，利用四宮格架構，找出立即可行的10秒行動，隨時行動逐夢踏實

先延ばしは1冊のノートでなくなる

作　　者　大平信孝
譯　　者　黃文玲
總 編 輯　何玉美
責任編輯　盧羿珊
選 書 人　王俐雯
封面設計　張天薪
內文排版　菩薩蠻數位股份有限公司

出版發行　采實出版集團
行銷企劃　陳佩宜・陳詩婷・陳苑如
業務發行　林詩富・張世明・吳淑華・林踏欣・林坤蓉
會計行政　王雅蕙・李韶婉
法律顧問　第一國際法律事務所　余淑杏律師
電子信箱　acme@acmebook.com.tw
采實官網　www.acmebook.com.tw
采實文化粉絲團　http://www.facebook.com/acmebook

I S B N　978-986-91240-8-9
定　　價　300 元
初版一刷　2018 年 4 月
劃撥帳號　50148859
劃撥戶名　采實文化事業股份有限公司
104 台北市中山區建國北路二段 92 號 9 樓
電話：02-2518-5198
傳真：02-2518-2098

國家圖書館出版品預行編目資料

四宮格目標筆記 ： 找回自我目標，利用四宮格架構，找出立即可行的10秒行動，隨時行動逐夢踏實 / 大平信孝作；黃文玲譯. -- 初版. -- 臺北市：核果文化, 2018.04
面；　公分
譯自：先延ばしは1冊のノートでなくなる
ISBN 978-986-91240-8-9(平裝)

1.時間管理 2.生活指導

177.2　　107002755

采實出版集團
ACME PUBLISHING GROUP